Excel® 2016 Criando MACROS com o VBA

Magnus Melo • Renato Tostes

Excel® 2016 Criando MACROS com o VBA

ALTA BOOKS
EDITORA

Rio de Janeiro, 2017

Excel® 2016 — Criando Macros com o VBA
Copyright © 2017 da Starlin Alta Editora e Consultoria Eireli. ISBN: 978-85-508-0079-0

Todos os direitos estão reservados e protegidos por Lei. Nenhuma parte deste livro, sem autorização prévia por escrito da editora, poderá ser reproduzida ou transmitida. A violação dos Direitos Autorais é crime estabelecido na Lei nº 9.610/98 e com punição de acordo com o artigo 184 do Código Penal.

A editora não se responsabiliza pelo conteúdo da obra, formulada exclusivamente pelo(s) autor(es).

Marcas Registradas: Todos os termos mencionados e reconhecidos como Marca Registrada e/ou Comercial são de responsabilidade de seus proprietários. A editora informa não estar associada a nenhum produto e/ou fornecedor apresentado no livro.

Impresso no Brasil — 1ª Edição, 2017 - Edição revisada conforme o Acordo Ortográfico da Língua Portuguesa de 2009.

Obra disponível para venda corporativa e/ou personalizada. Para mais informações, fale com projetos@altabooks.com.br

Produção Editorial Editora Alta Books	**Gerência Editorial** Anderson Vieira	**Marketing Editorial** Silas Amaro marketing@altabooks.com.br	**Gerência de Captação e Contratação de Obras** autoria@altabooks.com.br	**Vendas Atacado e Varejo** Daniele Fonseca Viviane Paiva comercial@altabooks.com.br
Produtor Editorial Claudia Braga Thiê Alves	**Supervisão de Qualidade Editorial** Sergio de Souza			
Produtor Editorial (Design) Aurélio Corrêa	**Assistente Editorial** Christian Danniel			**Ouvidoria** ouvidoria@altabooks.com.br
Equipe Editorial	Bianca Teodoro	Illysabelle Trajano	Juliana de Oliveira	Renan Castro
Revisão Gramatical Alessandro Thomé Vivian Sbravatti	**Layout e Diagramação** Daniel Vargas	**Capa** Aurélio Corrêa		

Erratas e arquivos de apoio: No site da editora relatamos, com a devida correção, qualquer erro encontrado em nossos livros, bem como disponibilizamos arquivos de apoio se aplicáveis à obra em questão.

Acesse o site www.altabooks.com.br e procure pelo título do livro desejado para ter acesso às erratas, aos arquivos de apoio e/ou a outros conteúdos aplicáveis à obra.

Suporte Técnico: A obra é comercializada na forma em que está, sem direito a suporte técnico ou orientação pessoal/exclusiva ao leitor.

Dados Internacionais de Catalogação na Publicação (CIP)
Vagner Rodolfo CRB-8/9410

P436c Pereira, Magnos Melo Formiga
   Criando macros com Excel VBA 2016 / Magnos Melo Formiga Pereira, Renato Parrela Tostes. - Rio de Janeiro : Alta Books, 2017.
   304 p. : il.; 17cm x 24cm.

   Inclui bibliografia e índice.
   ISBN: 978-85-508-0079-0

   1. Excel. 2. Programa de computador. I. Título.

             CDD 005
             CDU 004.42

Rua Viúva Cláudio, 291 — Bairro Industrial do Jacaré
CEP: 20970-031 — Rio de Janeiro - RJ
Tels.: (21) 3278-8069 / 3278-8419
www.altabooks.com.br — altabooks@altabooks.com.br
www.facebook.com/altabooks

Os autores dedicam esta obra às suas famílias, que colaboraram com a produção do livro com seu incentivo e apoio total em todos os momentos.

Sobre os autores

Magnus Melo Formiga Pereira

Tem graduação e mestrado em engenharia química na Universidade Federal da Paraíba (UFPB). É professor da Universidade Estadual de Feira de Santana (UEFS), no estado da Bahia, desde 2009, onde ensina disciplinas que envolvem métodos numéricos e ferramentas matemáticas com grande sintonia com o desenvolvimento de macros. Autor do livro *Cálculo numérico com aplicações em VBA Excel*.

Renato Parrela Tostes

Pesquisador e especialista em uso do Microsoft Office com ênfase no Excel em todas as versões, atua em Tecnologia da Informação há mais de 20 anos, tendo trabalhado em empresas líderes do segmento, entre elas a Itautec, a IBM e o Banco Nacional. Integra o grupo de influenciadores da Microsoft, composto por especialistas em tecnologias Microsoft. Iniciou seus estudos de eletrônica na Escola Técnica Federal de Minas Gerais (atual Cefet-MG), antes de graduar-se em Letras-Inglês e aprimorar seus conhecimentos em diversos cursos de especialização no Brasil e nos Estados Unidos (Stanford University, Califórnia) e concluir dois cursos de pós-graduação, em Engenharia de Software e Segurança da Informação (Facomp-MG). Adquiriu experiência internacional em sua atuação como engenheiro de sistemas da Microsoft em Nova Iorque, atendendo a clientes da Pratico Technologies na Tree State Area por três anos. Possui as certificações MCP, MCT, MCDST, MCLC e MCC e certificados de proficiência em inglês da University of Oxford e da Michigan State University. Autor dos livros *Desvendando o Microsoft Excel 2010* e *Fórmulas, Funções e Matrizes no Excel® 2016*.

Sumário

Introdução	xv

A respeito deste livro	xvii

Capítulo 1 - Produzindo e executando macros	1

1.1. Visão geral do Excel 2
    1.1.1. Definindo o Excel 2016 em termos simples 3
    1.1.2. Preenchimento de células com fórmulas 4
    1.1.3. Funcionamento do "copiar – colar" de células com fórmulas 5
    1.1.4. Formatação básica de células na planilha 7

1.2. Generalidades do VBA 7
    1.2.1. Sobre a terminologia usada no livro 8
    1.2.2. Programação orientada a objetos (POO) 9
        1.2.2.1. POO no VBA – Excel 9
    1.2.3. Gravando e editando macros 11
        1.2.3.1. Gravando e executando macros na planilha Excel 11
        1.2.3.2. O ambiente de desenvolvimento do VBA 14
        1.2.3.3. Montagem de uma macro diretamente pelo editor de macros ... 22
    1.2.4. Pesquisador de objetos do VBA 28

1.3. Elementos do VBA usados no capítulo 30

Capítulo 2 - Funções da biblioteca do VBA	35

2.1. Aplicações de funções da biblioteca do Excel 36
    2.1.1. Funções *MÁXIMO, MÍNIMO, MAIOR, MENOR, CONT.SE e SOMASE* 36
    2.1.2. A função *SE* 38
    2.1.3. Funções de texto e tempo 38

2.2. Uso de funções de planilha no VBA 40
    2.2.1. Novas funções do Excel 2016 45
        2.2.1.1. Função *SES* 45
        2.2.1.2. Funções *MÁXIMOSES* e *MÍNIMOSES* 45

  2.2.1.3. Função *PARÂMETRO* 46
  2.2.1.4. Funções *PREVISÃO.ETS* e *PREVISÃO.ETS.CONFINT* 46
 2.2.2. Novas funções do Excel 2016 no VBA 48
  2.2.2.1. Funções *PREVISÃO.ETS* e *PREVISÃO.ETS.CONFINT* no VBA 50
 2.2.3. Funções para manipulação de textos 50
  2.2.3.1. Função *Len* 50
  2.2.3.2. Função *Mid* 51
  2.2.3.3. Funções *Left* e *Right* 51
  2.2.3.4. Função *InStr* 51
  2.2.3.5. Funções *UCase* e *LCase* 52
  2.2.3.6. Função *StrComp* 52
  2.2.3.7. Função *StrReverse* 52
  2.2.3.8. Função *Replace* 52
  2.2.3.9. Função *Split* 53
  2.2.3.10. Função *Trim*, *Ltrim* e *Rtrim* 53
 2.2.4. Funções de data e tempo 53
  2.2.4.1. Funções *Date*, *Time* e *Now* 53
  2.2.4.2. Função *DatePart* 54
  2.2.4.3. Funções *DateAdd* e *DateDiff* 56
  2.2.4.4. A função *Format* para datas 57

2.3. Elementos do VBA usados no capítulo 59

Capítulo 3 - O objeto *Range* 67

3.1. Mais sobre o objeto *Range* 68

 3.1.1. Atribuição de valores/formatos a células não sequenciais 68

 3.1.2. Fazendo referência a células de uma faixa especificada 69

 3.1.3. Deslocamentos com a propriedade *Offset* 70

 3.1.4. Redimensionando o *Range* com a propriedade *Resize* 70

 3.1.5. Selecionando-se uma fila inteira 71

 3.1.6. Endereço do *Range* 73

 3.1.7. Seleções especiais em um *Range* 73

 3.1.8. Funções de procura e referência com o objeto *Range* 74
  3.1.8.1. Função *Match* 74
  3.1.8.2. Função *Find* com o objeto *Range* 74
  3.1.8.3. Função *Frequency* com o objeto *Range* 78
  3.1.8.4. Funções *VLookup* e *HLookup* 79
  3.1.8.5. Funções *Large* e *Small* 80

3.1.9. Transferência para outras planilhas 80
3.1.10. A propriedade *Text* 82
3.1.11. O objeto *Range* com propriedade *End* 82
3.1.12. Representação de um *Range* com colchetes [ ] 84
3.1.13. A propriedade *Name* 84

3.2. Referência a células da planilha eletrônica com o comando *Cells*   **84**

3.3. Elementos do VBA usados no capítulo   **91**

Capítulo 4 - Variáveis, constantes, sub-rotinas e funções   101

4.1. Variáveis e constantes   **102**
    4.1.1. Classificação das variáveis 105
    4.1.2. Escopo das variáveis 107
    4.1.3. Tipos especiais de variáveis 107
    4.1.4. Constantes 114

4.2. Sub-rotinas (ou subprogramas) e funções no VBA Excel   **115**
    4.2.1. Sintaxe de sub-rotinas e funções no VBA Excel 115

4.3. Elementos do VBA usados no capítulo   **124**

Capítulo 5 - Elementos da linguagem de programação VBA   127

5.1. Tomada de decisões (estruturas de controle e repetição)   **128**
    5.1.1. Estrutura de controle *If* (simples) 128
    5.1.2. Estrutura *If* (composta) 131
    5.1.3. Estrutura *If* com o comando *GoTo* 134
    5.1.4. Estrutura *Select – Case* 135

5.2. Estruturas de repetição   **139**
    5.2.1. Sintaxe da estrutura *For – Next* 139
    5.2.2. Sintaxe da estrutura *While – Wend* 139
    5.2.3. Sintaxe da estrutura *Do – Loop until* 140
    5.2.4. Exemplos gerais com estruturas de repetição 140
    5.2.5. Estrutura *For – Each* 148

5.3. Variáveis indexadas (matrizes)   **149**
   5.3.1. Exemplos com matrizes 150
5.4. Elementos do VBA usados no capítulo   **162**

Capítulo 6 - Eventos em VBA   169

6.1. Introdução   **170**
6.2. Escrevendo códigos acionados por eventos   **170**
   6.2.1. Eventos para pastas de trabalhos 171
   6.2.2. Eventos para planilhas 176
      6.2.2.1. Eventos de acionamento de botões do mouse
      ou mouse touchpad 184
   6.2.3. Eventos não associados aos objetos *Workbook* e *Worksheet* 186
6.3. Elementos do VBA usados no capítulo   **190**

Capítulo 7 - Gráficos em VBA   195

7.1. Plote do tipo dispersão   **196**
   7.1.1. Mudando-se o padrão do plote gráfico 197
   7.1.2. Formatos básicos da linha de uma série 199
   7.1.3. Posição do gráfico na planilha 202
   7.1.4. Impressão do gráfico em outra planilha 203
   7.1.5. Modificando padrões dos eixos de um gráfico do tipo dispersão ... 203
7.2. Outros tipos de gráfico   **205**
7.3. Trabalhando com linha de tendência (*Trendlines*)   **213**
7.4. Plotando-se minigráficos (*Sparklines*)   **222**

Capítulo 8 - Formulários em VBA   229

8.1. Controles de formulários para acionar macros   **230**
   8.1.1. A caixa de diálogo *MsgBox* 236
   8.1.2. A caixa de diálogo *InputBox* 241

8.2. Formulários de usuários (*UserForms*)   **245**
    8.2.1. Exemplos de formulários de usuários 248
    8.2.2. Aplicações com outros controles de usuários................................... 258

Conclusão   **275**

Bibliografia sugerida   **277**

Índice   **279**

Introdução

O Excel é o estado da arte das planilhas eletrônicas, de forma que podemos assegurar que não existe outro produto similar no mercado mundial, da própria Microsoft ou de suas concorrentes, que possa lidar com cálculos com a habilidade e riqueza de opções característicos do Excel.

O Excel foi introduzido ao pacote de programas para escritório, o Microsoft Office da Microsoft, em 1993, e desde então tem assumido a liderança cada vez mais acentuada a cada nova versão lançada.

A versão atual, Excel 2016, é parte integrante do pacote Microsoft Office 365, e conta com vários recursos inovadores, desde o armazenamento em nuvem (One Drive) até um conjunto incrível de funções nativas (mais de 470 funções nativas) que podem ser combinadas entre si para obtermos fórmulas que podem fazer cálculos realmente incríveis de maneira muito simples.

O VBA se apresenta como uma linguagem de programação da Microsoft. Inserido em seu pacote, promove programas de computador, comumente denominados macros, que podem ser usados para "controlar" as funcionalidades, inclusive da planilha eletrônica, fazendo-as funcionar automaticamente, mais rapidamente, acumulando várias ações da planilha em um único comando VBA.

A primeira versão do Excel data de 1993, mas o VBA só foi inserido na quarta versão, em 1994. Foi aperfeiçoado em 95 com o Excel 95 e ganhou uma interface nova em 97 no Excel 97. A versão 2000 do Excel trouxe o VBA com a opção adicional de assinatura digital das macros, garantindo a personalização dos programas. A partir da versão 2010, o editor de macros do Excel veio com outros novos recursos, inclusive gráficos, além da possibilidade de se trabalhar com a versão 64 bits, conferindo maior rapidez de resposta quando se tem macros com códigos muito grandes.

O recurso da criação de programas próprios administra recursos como gráficos, conectividade com fontes de dados externas, análise de tendências, cenários comparativos, recursos de formatação e uso de cores, incluindo opções de formatação condicional, eventos em geral e criação de formulários de usuários.

A construção deste programa de planilhas eletrônicas partiu de um processo que sempre visou um aprendizado simples de como utilizá-lo, e ao mesmo tempo uma eficiência a ponto de realizar cálculos complexos com precisão e facilidade de uso inigualáveis. E isto é replicado no VBA, com uma plataforma ágil e robusta para produção de programas de computador.

Temos certeza de que a decisão de manter o Excel como líder de mercado por meio de atualizações constantes a cada nova versão continuará permitindo que ele seja o programa de planilhas de cálculo mais abrangente, mais completo e mais utilizado no mundo por muitos anos, com a vantagem da acumulação de conhecimentos, quando usuários que aprendem a manipular uma versão do Excel não encontram dificuldades para se adaptar ao uso de versões mais novas, quando lançadas. Na realidade, o processo é inverso, pois os usuários de versões mais antigas aprendem mais rapidamente a lidar com as versões mais novas. E a cada nova versão, mais usuários se envolvem com a sofisticação das macros do pacote de escritório da Microsoft.

A respeito deste livro

Como ressaltamos em nossa introdução, embora o VBA ofereça mais agilidade e abrangência no uso dos recursos do Excel 2016, torna-se indispensável objetividade em seu aprendizado.

Seria necessária uma obra extensa se nosso objetivo fosse fazer uma apresentação de todos os seus recursos em um só livro.

Não é este o caso, principalmente para não criarmos mais dúvidas do que respostas e nem oferecermos uma obra excessivamente extensa, e cara, na qual ficaria mais difícil encontrar a informação desejada.

Atualmente, procura-se evitar obras do tipo "Tudo sobre...", e os autores de diversos livros afins têm tentado identificar quais conteúdos merecem uma atenção especial. A abordagem é feita a partir da escolha de determinada parte, ou área, sendo descritos em detalhes os aspectos mais relevantes.

Este livro é dedicado à abordagem do uso e da análise dos aspectos que levam à criação de macros, com o editor de programas do Excel 2016, e requer que o leitor tenha apenas uma noção básica a respeito de lógica de programação.

Por meio dos comandos que envolvem fórmulas e funções relevantes, ou por sua complexidade, ou suas limitações ou abrangências, presença no uso cotidiano, e de outros aspectos que nos permitem classificá-las como clássicas, ou modelos, fazemos as apresentações de tais fórmulas e funções, e pelas similaridades com as demais torna-se possível oferecer uma fonte de consulta rica e completa, para ser utilizada pontualmente na hora de dirimir dúvidas específicas, e também como uma obra que apresente excelente fundamentação dos princípios que o Excel 2016 utiliza em suas regras para construção de macros com fórmulas, funções e fórmulas matriciais, eventos, formulários e gráficos, o que possibilita que o leitor compreenda princípios básicos que são comuns e exigidos pela lógica do Excel 2016.

Este livro mostra desde os aspectos fundamentais das regras de construção das macros até alguns outros aspectos que já dizem respeito a desenvolvimentos avançados de programação em VBA.

Temos convicção de que este livro será de extrema relevância para os usuários que desejem obter o máximo do poder de geração de programas do Excel 2016, abreviando o tempo dispendido para encontrar eventuais erros em suas listagens de comandos e possibilitando que mesmo as estruturas de algoritmos mais complexas, até as que tenham sido elaboradas por outros usuários, possam ser avaliadas passo a passo e compreendidas ou corrigidas rapidamente, eliminando-se dúvidas que às vezes não são tão fáceis de responder.

Temos certeza também de que todos os capítulos deste livro trarão algum tipo de surpresa ou novidade, mesmo para os usuários de nível mais avançado.

Sempre que necessário, apresentamos exemplos teóricos e práticos, dicas e notas que ajudam a esclarecer pontos-chave da lógica de programação em VBA.

Além disso, ressaltamos que é sempre muito proveitoso escrever sobre ou analisar aspectos técnicos de produtos da Microsoft, pois esta sempre responde com soluções completas aos problemas que porventura venham a ser encontrados em seus produtos.

Desejamos a todos uma boa leitura, com o máximo de proveito, e teremos imenso prazer em receber avaliações sobre o conteúdo, metodologia e relevância da obra, que podem ser enviadas para os e-mails dos autores: magnusm14@gmail.com e formulasnoexcel2016@uai.com.br.

Produzindo e executando macros

CAPÍTULO 1

Neste capítulo, abordam-se inicialmente aspectos básicos da planilha eletrônica Excel. Será feita uma apresentação de ações com o uso de fórmulas e manuseamento de informações nas células (formatação e cópia de seu conteúdo). Depois será mostrado como produzir uma macro e como executá-la na planilha e no editor de macros do VBA. Algumas funções de planilha e de textos também serão ilustradas. O objeto *Range*, por se apresentar como um dos mais importantes do VBA, terá sua aplicação mostrada por todo o capítulo e no Capítulo 3.

- Visão geral do Excel 2016
- Aspectos básicos do uso do Excel
- Generalidades do VBA
- Gravando e editando macros
- Montagem de uma macro diretamente pelo editor de macros

1.1. Visão geral do Excel

O Excel (Microsoft Excel) é um programa de planilha de cálculo oferecido com a suíte de programas Microsoft Office. E, à medida que o pacote Office evolui, a cada nova versão lançada, o Excel também evolui, trazendo novas funcionalidades, novas funções nativas exclusivas, novos recursos, melhorias no uso da interface gráfica, novos tipos de gráficos, novas possibilidades de usos de tabelas e muito mais, permitindo que ele continue como o programa de planilha de cálculos mais utilizado no mundo.

Esta hegemonia é resultado de investimentos contínuos em melhorias funcionais e distribuição do programa em número cada vez maior de diferentes idiomas.

Desta maneira, uma planilha criada com o Excel 2016 da versão português (Brasil) é totalmente compatível, e pode ser manipulada sem restrições, por outro usuário que possua a versão Excel 2016 em outro idioma, como russo, mandarim, espanhol, grego ou qualquer outro idioma suportado.

Na verdade, o Excel e o pacote do Office do qual faça parte são os mesmos, para uma dada versão, apenas os idiomas nativos podem ser diferentes entre uma cópia do Excel instado em Xangai e outra em Moscou, pois é possível usar as opções de idioma do Office para adicionar um idioma ou escolher o idioma de exibição da Ajuda e das dicas de tela. No Office 2016, Office 2013 e Office 2010, as opções de idioma estão na caixa de diálogo "Configurar as Preferências de Idioma do Office". Os idiomas de exibição e de Ajuda podem ser definidos separadamente. Por exemplo, é possível definir o idioma para todo o sistema operacional ou usar uma combinação de idiomas para o sistema operacional, Edição, Exibição e Ajuda.

Limitações entre versões ou a impossibilidade de utilização das funções exclusivas do programa Excel 2016 em programas do Excel nas versões anteriores, como o Excel 2013, são devidas a algumas funcionalidades, tais como o fato de determinadas funções introduzidas nas versões mais novas simplesmente não existirem nas versões anteriores. Esse tipo de incompatibilidade cresce na mesma medida em que as versões anteriores são mais antigas que a versão atual, ou seja, existem muito menos incompatibilidades entre a versão 2016 e a versão 2013 do que entre a versão 2016 e a versão 2010, assim acontece com as outras versões ainda mais antigas e isso sempre existiu, dessa maneira, entre as versões 2013 e 2010, por exemplo, ou entre as versões 2010 e 2007.

1.1.1. Definindo o Excel 2016 em termos simples

Omitindo-se detalhes da construção do programa, pode-se olhar o produto acabado como um programa de planilha de cálculos que tem como principal vantagem sua "habilidade" ou "receptividade" a trabalhos de cálculos com dados numéricos, do tipo soma de dois dados, ou estatísticas, como cálculo de médias, e previsões em uma sequência maior de dados.

De maneira nenhuma é possível limitar o Excel a uma definição tão simples, até porque seus recursos vão muito além desse tipo de aplicação, incluindo o trabalho com diferentes tipos, tamanhos e cores de fontes, gráficos, tabelas dinâmicas, segmentações de dados, testes de hipóteses, cenários, atingir metas, imagens, diversos tipos de artes, estilos de células, filtros, comandos para localização e substituição de dados, diversos tipos de funções e fórmulas, possibilidades de dar nomes a conjuntos variados de células, exibição de setas de rastreamento que indicam dependências e precedência de outras células em determinados cálculos, possibilidades de avaliarmos fórmulas complexas passo a passo, recursos para verificação de erros e de substituição dos dados exibidos, se como resultados finais ou se como descrições das fórmulas utilizadas nas células, obtenção de dados de fontes externas, recursos de ortografia, sinônimos e traduções, opções de proteção de células, planilhas e pastas de trabalho, possibilidades de trabalho com painéis que podem ser congelados e permanecer sempre visíveis mesmo quando rola-se a tela por várias linhas ou colunas, dividir a tela para exibição de mais de uma planilha simultaneamente, e, sobretudo, recursos que, se por um lado são simples, por outro são muito abrangentes no uso de programação e macros.

Não é viável cobrir todos os aspectos de funcionalidades do Excel em uma única obra, e neste tópico é feita apenas uma breve introdução, para facilitar a compreensão do uso de seus recursos, que pode se dar de forma mais rápida e eficiente com o uso de macros.

Assim, convém lembrar que o Excel apresenta uma área de trabalho, ou planilhas, em forma matricial, com linhas horizontais e colunas verticais, sendo as dimensões das planilhas definidas por 1.048.576 linhas e 16.384 colunas, o que oferece uma quantidade de mais de 17 bilhões de células por planilha, sendo a célula uma localização única na planilha, que corresponde à interseção de uma linha e uma coluna.

As células, unidades básicas de localização dos dados em uma planilha, podem conter diversos tipos de informação, numérica ou não. Nas células são construídas as fórmulas, utilizando ou não referências e funções.

Desta maneira, na célula A1, que corresponde ao encontro da coluna A com a linha 1, pode-se inserir, por exemplo, o numeral 10. E em outras células, por exemplo, na B1 e na C1, outros numerais podem ser inseridos, tais como 20 em B1 e 90 em C1.

Uma vez que se tenha uma planilha com algumas células com valores inseridos, esses valores estarão visíveis quando a planilha for aberta (desde que ela tenha sido salva anteriormente).

A seguir, veremos algumas maneiras de se trabalhar com estas informações.

1.1.2. Preenchimento de células com fórmulas

Assim como são inseridos os numerais (por exemplo, os chamados dados estáticos) nas células A1, B1 e C1, pode-se, com a mesma liberdade, inserir fórmulas em outras células para calcular operações com aqueles dados.

Podem-se citar como exemplos mais simples de fórmulas (sem a utilização de funções, que também são geralmente simples) as fórmulas de *SOMA* e de *MÉDIA*.

Assim como em qualquer fórmula, deve-se iniciar seu preenchimento com o sinal de igualdade (=) para indicar para o Excel que depois desse sinal inicia-se uma fórmula (ou função).

Para efetuar as operações de soma e de média aritmética pode-se, por exemplo, inserir as seguintes fórmulas nas células A5 e A6:

Em A5: `=10+20+90`

Após a conclusão da digitação, e do pressionamento da tecla *Enter*, tem-se o resultado igual a 120 na célula A5.

Em A6 pode-se calcular a média aritmética digitando-se:

`= (10+20+90)/3`   o que retorna o resultado numérico 40.

Nos dois exemplos anteriores não foram utilizadas referências às células que continham as informações originais (10, 20 e 90), e, caso estas informações originais viessem a ser alteradas posteriormente, as alterações não seriam refletidas nas células de destino A5 e A6.

Uma maneira de se contornar este inconveniente seria a utilização das referências às células que contêm os dados a serem utilizados nos cálculos, no lugar dos dados em si.

Desta maneira, pode-se reescrever as fórmulas como:

Em A5:   `= A1+B1+C1`   = 120
Em A6:   `= (A1+B1+C1)/3`   = 40

Assim, os resultados em A5 e A6 passariam a refletir de forma dinâmica qualquer alteração nos valores das células de origem (A1, B1 e C1).

Existem mais de 400 funções nativas no Excel 2016, entre elas as funções utilizadas para calcular a *soma* e a *média* aritmética:

Em A5:   `= SOMA(A1:C1)`   = 120
Em A6:   `= MÉDIA(A1:C1)`   = 40

Vale observar que as referências podem ser utilizadas para identificar uma única célula (A1), ou um conjunto (ou *Range*) de células (as células de A1 até C1 podem ser representadas por A1:C1).

1.1.3. Funcionamento do "copiar – colar" de células com fórmulas

Para evitar a digitação das mesmas informações repetidas vezes, o que, além de tedioso, é propenso a erros, podem ser utilizadas as operações de *copiar* e *colar*, tanto com o botão direito do mouse quanto com as combinações de teclas *Ctrl + C* e *Ctrl + V*.

Quando se *copia* e *cola* as informações de uma célula ou faixa de células com o mouse, pode-se escolher qual parte da informação se deseja colar nas células de destino. Podem ser apenas os dados numéricos, ou apenas a formatação original, ou, no caso mais interessante, *colar* as fórmulas (lembrando que as operações de *colar* com o mouse são cumulativas, e assim é possível, por exemplo, *colar* primeiro a formatação e depois as fórmulas).

No caso das fórmulas, nota-se mais uma vantagem do uso de referências: as fórmulas coladas são adaptadas de acordo com a posição da célula de destino, ou seja, considerando-se que em J10 tenha sido digitada a seguinte fórmula:

= K10+L10+M10

Se o conteúdo da célula J10 é *copiado* e *colado* uma linha abaixo, ou uma linha acima, têm-se os seguintes resultados em J11 e em J9:

= K11+L11+M11   e   = K9+L9+M9

Neste caso, se diz que foram utilizadas referências relativas na fórmula de origem, ao passo que as referências absolutas seriam a utilização de um sinal de cifrão tanto antes da letra da coluna como antes do número da linha.

Se a fórmula original em J10 for: = $K$10+$L$10+$M$10

quando o conteúdo de J10 for *copiado* e as fórmulas forem *coladas* em J11 e em J9, tem-se:

J11:   = $K$10+$L$10+$M$10
J9:   = $K$10+$L$10+$M$10

As referências mistas seriam o uso do sinal de cifrão apenas antes da letra da coluna ou apenas antes do número da linha, e assim seriam preservadas apenas as referências à coluna de origem ou à linha de origem.

1.1.4. Formatação básica de células na planilha

As células das planilhas podem ser formatadas de diversas maneiras.

Para formatar o tipo ou o tamanho da fonte, a cor da fonte ou a cor de fundo da célula (cor de preenchimento), pode-se selecionar a célula ou a faixa de células e utilizar os comandos correspondentes na faixa de opções, dentro da guia *Página Inicial*.

Para os comandos referentes à formatação de fonte, é possível selecionar a célula desejada e dentro dela selecionar com o mouse a parte da informação que se deseja formatar, e aplicar uma formatação exclusiva a cada parte. Assim, seria possível ter na célula A10, por exemplo, cada letra de um texto em uma cor, tamanho, tipo ou estilo de fonte diferente como mostrado a seguir:

Em A10: **T**ota*l*

Além disto, podem-se efetuar outros tipos de formatação. No que se refere à posição do conteúdo dentro da célula, pode-se escolher se à direita, à esquerda, ou centralizado horizontalmente, na parte superior da célula, ou na parte inferior, ou centralizado verticalmente.

Além dessas formatações, existem muitas outras opções, tais como formatação de bordas (que podem ter espessuras e cores diferentes em cada parte da célula).

Também se pode formatar o estilo da célula conforme **estilos** predefinidos encontrados na *Faixa de Opções* na guia *Página Inicial*.

Além disso, é possível efetuar **formatações condicionais**, que variam de acordo com variações no conteúdo das células, ou formatar partes da planilha como tabela, e vice-versa.

1.2. Generalidades do VBA

Pode-se dizer que as macros representam listas de comandos (tarefas) realizados pela planilha eletrônica do Excel, agrupando essa sequência em um único comando de forma automática. Quando a macro substitui um conjunto de tarefas, ganha-se principalmente tempo. Por exemplo, a partir de uma tabela de dados, representando informações quaisquer, pode-se criar um programa VBA para formatar os dados, produzir relatórios particulares, inclusive com análise gráfica, executando-se a macro com um único comando. O Excel então executa automaticamente, mais rapidamente, todas as diversas tarefas que lhe são peculiares.

Esse conjunto sequencial de comandos ou tarefas pode ser tratado como um programa de computador, já que as macros geram listagens codificadas de sua linguagem de programação própria: VBA (*Visual Basic for Applications*). O interpretador é o próprio Excel.

O alcance do VBA passa por análise de dados científicos, orçamentos, previsões financeiras, construção de formulários (faturas, notas fiscais etc.), apresentação de resultados em gráficos de dados, organização e manutenção de listas (banco de dados), entre outros.

Com o VBA, tem-se a liberdade de se criar comandos personalizados, funções próprias, botões personalizados (como os das barras de ferramentas dos programas desenvolvidos para o sistema operacional Windows) e aplicativos diversos acionados pelas macros associadas a eles.

1.2.1. Sobre a terminologia usada no livro

Algumas expressões são corriqueiramente usadas no ambiente de programação de computadores. Entre todas que são usadas, listam-se aqui as consideradas mais importantes para este trabalho.

A **execução de um programa** significa que o programa será usado, acionado, feito funcionar. Quando se fala em **listagem do código, listagem de instruções ou comandos** ou **código**, faz-se referência ao texto, ou conjuntos de textos organizados em linhas, que será interpretado pelo Excel para realizar as tarefas indicadas. Essas listagens também são conhecidas como *roteiros* ou *scripts*. **Codificar** diz respeito a escrever um texto com regras específicas (os chamados "comandos"), que o Excel interpretará como tarefas a serem executadas.

Também costuma-se escrever que uma função **retornou** um determinado valor ou expressão. Isso significa que, ao se usar uma função, um resultado é apresentado por ela. A função então **retornou** esse resultado. Quando se fala em **sintaxe** ou **sintaxe de um comando**, refere-se ao modo correto, em relação às regras do VBA, de escrever os comandos do VBA. Pode-se dizer que o VBA é uma **linguagem de programação**, por ter origem na linguagem *Visual Basic*. Uma linguagem de programação representa regras com sintaxe e semântica próprias, que levam à produção de programas de computador. Outras linguagens mais comumente usadas são a *Java*, *C/C++*, *Fortran*, entre outras.

Quando há uma referência à **célula ativa**, fala-se da célula na planilha que está aberta, que está "esperando" um valor numérico ou texto. Essa planilha aberta é a **planilha ativa**. Uma **pasta**, ou **pasta de trabalho**, representa um conjunto de planilhas. Um arquivo do Excel é comumente tratado como uma pasta.

Se referir, por exemplo, a **atribuição** de um valor numérico a uma letra qualquer, isso significará que essa letra passará a ter essa grandeza numérica. Por exemplo, $a = 2$ significa que a letra *a* possui valor numérico 2. Sempre que se tem uma igualdade, uma operação de atribuição está sendo feita. Então a fórmula $b = a + 3$ **atribuirá** à letra *b* a soma do valor representado por *a* mais o valor numérico 3.

1.2.2. Programação orientada a objetos (POO)

Linguagens de programação seguem diferentes modelos ou paradigmas, como a programação estruturada e a programação orientada a objetos. Esta última se apresenta como um paradigma mais moderno e superior no que diz respeito à segurança, à extensão e ao reaproveitamento do código de programação.

Na POO, o programador manipula os diversos **objetos** e os direciona no sentido de executarem suas funcionalidades, fazendo-os interagir entre si.

1.2.2.1. POO no VBA – Excel

O VBA tem uma biblioteca com as várias "classes de objetos" que constituem os elementos do Excel. São classes de objetos: **objetos** (ou "classes"), **módulos**, **coleções** e **tipos**.

Os objetos são os componentes principais da produção de programas (macros) em VBA. Um objeto costuma ser classificado como uma variável que representa um elemento do Excel. Por exemplo:

» Objeto *Workbook*: representa uma pasta de trabalho;
» Objeto *Worksheet*: diz respeito a uma planilha;
» Objeto *Range*: representa células de uma planilha.

Os objetos se relacionam por meio de suas ***propriedades*** (ou ***atributos***), ***métodos*** e ***eventos***. As propriedades são variáveis que estarão no interior dos objetos e que podem manipulá-los. Por exemplo: a propriedade *name*, que será um *string* (um texto), dará um nome, uma identidade, por exemplo, a uma faixa de células. Cada propriedade é identificada por um **nome** e tem um **tipo** associado (**tipo**: número inteiro, número real, uma letra ou caractere). Os **métodos** serão as ações que o objeto realizará. São os *procedimentos* ou *funções* que realizam as ações do objeto. Um **evento** diz respeito a uma ocorrência da planilha eletrônica Excel. Por exemplo: salvar uma pasta de trabalho, abertura e fechamento de uma pasta de trabalho, pressionamento de uma certa tecla. Os eventos podem ser administrados por comandos do VBA.

Em geral, afirma-se que o VBA não é uma linguagem de programação orientada a objetos. Considera-se o fato de que o VBA possui recursos para ser utilizado como uma linguagem de programação orientada a objetos. Seus comandos, em geral, possuem a estrutura de POO.

Exemplo:

```
Range("A1").Font.Size = 12
```

Neste comando VBA tem-se o **objeto** *Range* (refere-se a uma célula de planilha ou um conjunto delas, no caso, a célula A1) com uma de suas propriedades: *Font*. A propriedade *Size* realizará a ação de fazer com que a célula A1 tenha seu conteúdo com uma fonte do tamanho 12. A propriedade *Size* modificou (ou definiu) a **propriedade** *Font* do **objeto** *Range*.

Um segundo exemplo:

```
ActiveCell.Delete
```

Aqui tem-se a **propriedade** *ActiveCell*, que se refere à célula ativa. O **método** *Delete* apaga o conteúdo da célula ativa. *ActiveCell* é uma propriedade da classe *Aplication*, que diz respeito a todo o conjunto de elementos do Excel, mas a referência ao objeto pôde ser omitida.

O editor de VBA do Excel tem um recurso para pesquisa de objetos. O "pesquisador de objetos" será mostrado mais adiante.

1.2.3. Gravando e editando macros

1.2.3.1. Gravando e executando macros na planilha Excel

Inicialmente será visto como produzir uma macro diretamente de uma planilha do Excel. Para isso, o usuário deve habilitar a guia "Desenvolvedor" na barra de comandos (menu) do Excel.

Deve-se proceder da seguinte forma:

No Excel da versão 2016, 2013 ou 2010 do Microsoft Office:

1. Clica-se na guia "Arquivo" e em seguida em **Opções**.

2. Clica-se em "Personalizar Faixa de Opções".

3. Em "Personalizar Faixa de Opções" e em "Guias Principais", marca-se a caixa de seleção "Desenvolvedor".

No Excel da versão 2007 do Microsoft Office:

1. Clica-se no Botão do Microsoft Office e, em seguida, em "Opções do Excel".

2. Clica-se em "Personalizar" e, em seguida, marca-se a caixa de seleção "Mostrar Guia Desenvolvedor na Faixa de Opções".

A guia "Desenvolvedor", no Microsoft Office 2016, aparecerá conforme a figura a seguir:

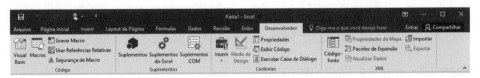

Figura 1.1: Guia "Desenvolvedor" do Excel

O ícone de macros está localizado como o segundo da esquerda para a direita.

Um primeiro exemplo de criação de macro

Vejamos como se inicia a gravação de uma macro e como terminá-la. Supõe-se que se tenha a tabela seguinte para o trabalho:

	A	B	C	D	E	F	G	H
1	João	4	10	7				
2								

Tabela 1.1: Planilha exemplo para a produção da macro

Os números à direita do nome "João" representam suas três notas escolares, em uma escola hipotética. O objetivo é o cálculo de sua média e a impressão da data atual.

Inicialmente clica-se no ícone "Gravar macro" do editor da aba "Desenvolvedor". A tela a seguir surgirá:

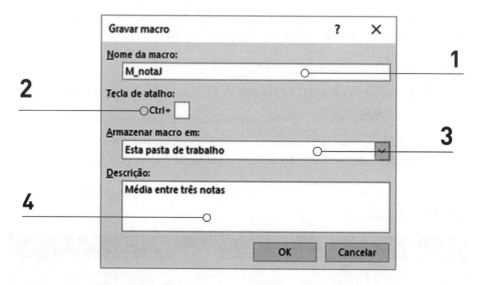

Figura 1.2: Caixa de definição da macro

Tem-se:

1. Local onde é colocado o nome da macro.

2. Define-se um atalho para a chamada (execução) da macro (é opcional).

3. Armazenamento da macro: pasta atual, pasta de trabalho pessoal de macros ou nova pasta de trabalho. Definindo o armazenamento como sendo na pasta atual ("Esta pasta de trabalho"), a macro estará ativa sempre que o arquivo Excel (a pasta que contém a macro) for aberto.

4. Escreve-se uma descrição da macro (opcional).

Ao término do preenchimento da caixa de definição, clica-se em OK. Volta-se à planilha. E procede-se com a sequência:

» Insere-se a fórmula =HOJE() na célula G1;

» Tecla-se *Enter* (*Return*) e, na célula selecionada, insere-se a fórmula =MÉDIA(B1:D1). Tecla-se novamente *Enter*;

» Clica-se em "Parar Gravação" no menu da aba "Desenvolvedor". Imediatamente teremos na planilha:

	A	B	C	D	E	F	G	H
1	João	4	10	7			03/10/2016	
2							7	
3								

Tabela 1.2: Planilha exemplo para a produção da macro

Surge a data atual na célula que estava ativa antes da execução da macro e a média aritmética na célula G2. Observa-se também que a célula G3 foi selecionada. Vale lembrar que as fórmulas foram inseridas nas células G1 e G2 antes da parada da macro. Para ilustrar a aplicação da macro criada, pode-se apagar o conteúdo dessas células e proceder da seguinte forma: clica-se em "Macros" no menu da aba "Desenvolvedor" e, quando a janela seguinte surgir, clica-se no botão "*Executar*" (ou tecla-se "*e*").

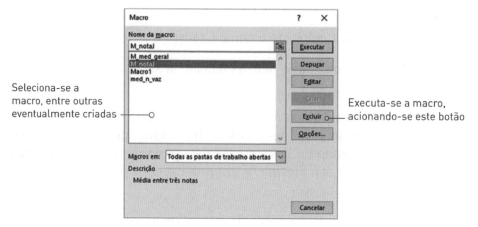

Figura 1.3: Caixa de execução da macro construída

A planilha volta a ter a forma da Tabela 1.2.

1.2.3.2. O ambiente de desenvolvimento do VBA

Os códigos VBA são escritos em seu próprio editor (VBE – *Visual Basic Editor*), em módulos. Um módulo consiste de procedimentos *Sub* (sub-rotinas ou subprogramas) e/ou procedimentos *Function* (funções). Na sequência do livro, eles serão devidamente mostrados.

Um procedimento *Sub* delimita o conjunto de instruções escritas no VBE que gerarão a macro. Pode conter outros procedimentos *Sub* e *Function*. Um procedimento *Function* retorna um único valor (número, texto ou matriz). Pode ser usado em outro procedimento VBA ou diretamente na planilha como uma função de planilha (como se já pertencesse à biblioteca de funções do Excel).

Na criação da macro, é gerado um código VBA o qual lista (é uma listagem: texto com uma sequência de instruções) a sequência de comandos que representa a macro. Esses códigos podem ser vistos abrindo-se o editor do VBA, o VBE. Na aba "Desenvolvedor" tem-se o ícone "Visual Basic". Ao acioná-lo na planilha onde foi criada a macro do exemplo, *M_notaJ*, surge o editor representado na Figura 1.4.

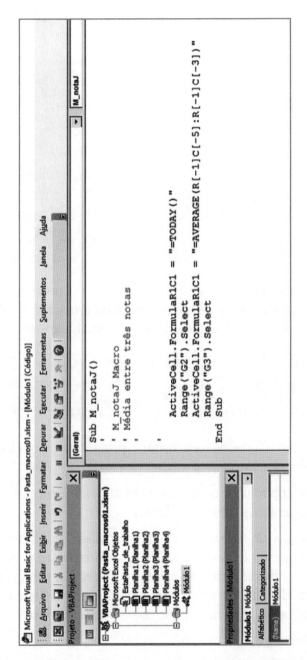

Figura 1.4: Tela do VBE com a macro criada

Pode-se também abrir o VBE teclando-se *Alt + F11*.

O editor do VBA cria um módulo que tem, na área de edição de código, a listagem da macro criada:

```
Sub M_notaJ()
'
' M_notaJ Macro
' Média entre três notas
'
'
ActiveCell.FormulaR1C1 = "=TODAY()"
Range("G2").Select
ActiveCell.FormulaR1C1 = "=AVERAGE(R[-1]C[-5]:R[-1]C[-3])"
Range("G3").Select
End Sub
```

O código representa uma sub-rotina do VBA (ou procedimento *Sub*). Ela é criada automaticamente com o nome dado à macro. A sub-rotina é finalizada com o comando **End Sub**. Então, em geral, tem-se:

```
Sub M_notaJ()
    << COMANDOS VBA >>
End Sub
```

Entre << e >> são colocados, pelo usuário programador, os elementos do VBA (comandos) que comporão a macro.

A macro pode também vir como um procedimento *Function*. Mais tarde serão feitas considerações sobre essa forma.

As linhas iniciais são precedidas por apóstrofos " ' ". Esses textos representam comentários e são ignorados pelo interpretador do VBA. Os comentários são convenientemente usados para registrar informações, do próprio programador, importantes para a compreensão (dele e de outros usuários) do programa. O usuário pode colocar seus próprios comentários.

No primeiro comando da macro,

```
ActiveCell.FormulaR1C1 = "=TODAY()"
```

tem-se a propriedade *ActiveCell*, que se refere à célula ativa, e a propriedade *FormulaR1C1*, que indica que será inserida uma fórmula na célula ativa.

A fórmula *TODAY()* equivale à função de planilha *hoje()*. Mais tarde será mostrada a equivalência entre algumas das funções de planilha e do VBA com o objeto chamado *WorksheetFunction*.

O comando

```
Range("G2").Select
```

aplica o objeto **Range** com o método *Select*. Nesta instrução, a célula G2 é selecionada. Ela passa a ser a célula ativa (*ActiveCell*). Tanto que a instrução

```
ActiveCell.FormulaR1C1 = "=AVERAGE(R[-1]C[-5]:R[-1]C[-3])"
```

coloca na célula ativa G2 a fórmula da média aritmética.

No último comando, a célula G3 é selecionada:

```
Range("G3").Select
```

Ou seja, a macro termina com esta célula ativa (ou "selecionada").

O usuário pode executar a macro deixando uma célula ativa diferente da G1. A data do dia vai aparecer na célula ativa atual. Para forçar o preenchimento da data na célula F1, pode-se alterar a macro inserindo o comando

```
Range("F1").Select
```

antes da inserção da fórmula da data. As primeiras linhas da macro ficam:

```
Sub M_notaJ()
'
' M_notaJ Macro
' Média entre três notas
'

'
Range("F1").Select
ActiveCell.FormulaR1C1 = "=TODAY()"
. . .
```

Veja outro exemplo, partindo-se agora da tabela:

	A	B	C	D	E	F	G	H
1	João	4	10	7				
2	José	8	5	7				
3	Maria	4						

Tabela 1.3: Planilha do Exemplo 1.2

Será produzida uma macro com a seguinte sequência:

1. Clica-se em "Gravar macro". Na caixa de nome da macro, é colocado o texto "*med_alunos*", e, na caixa da tecla de atalho, a letra "*a*". A caixa de descrição será deixada vazia.

2. Seleciona-se a célula F1 e insere-se a fórmula "*=hoje()*". Tecla-se *Enter* ou *Tab* (tecla de tabulação).

3. Seleciona-se a célula G1 e insere-se a fórmula "*=media(B1:D1)*". Tecla-se *Enter*.

4. Seleciona-se a célula G1 e tecla-se *Ctrl + C* (a fórmula da célula G1 é copiada). Tecla-se *Enter*.

5. Selecionam-se as células G2 e G3 e tecla-se *Ctrl + V* (a fórmula da célula G1 será replicada, "colada", nas células G2 e G3). Tecla-se *Enter*.

6. Seleciona-se a célula H1 e encerra-se a macro (clica-se no botão de parada de gravação da macro).

Na execução da macro, pode-se agora teclar *Ctrl + A*, já que foi definido este atalho para tal fim. A tabela do exemplo toma a seguinte forma:

	A	B	C	D	E	F	G	H
1	João	6	5	7		04/01/2016	6	
2	José	8	5	8			7	
3	Maria	3					3	

Tabela 1.4: Planilha com a execução da macro *med_alunos*

A macro calcula a média de cada aluno e as imprime nas células G1, G2 e G3.

O código VBA é o seguinte:

```
Sub med_alunos()
'
'
' Atalho do teclado: Ctrl+A
'
    Range("F1").Select
    ActiveCell.FormulaR1C1 = "=TODAY()"
    Range("G1").Select
    ActiveCell.FormulaR1C1= "=AVERAGE(RC[-5]:RC[-3])"
    Range("G1").Select
    Selection.Copy
    Range("G2:G3").Select
    ActiveSheet.Paste
     Range("H1").Select
End Sub
```

A novidade aqui é a propriedade *Selection* e o método *Copy*:

```
Selection.Copy
```

Esse comando copia para a área de transferência o conteúdo da célula G1. Esse conteúdo será transferido ("colado", na linguagem habitual) para a seleção ativa: células G2 e G3, com as instruções:

```
Range("G2:G3").Select
ActiveSheet.Paste
```

Essa é uma operação de cópia de valores de uma faixa de células para outra. Ela pode ser abreviada com o comando:

```
Range("G1").Copy Range("G2:G3")
```

O programador pode preferir mover ("recortar") o conteúdo, por exemplo, da célula G1 e enviar para a faixa G2:G3. Para isso, é suficiente trocar, no último código, *Copy* por *Cut*.

No cálculo da média dessa planilha, tem-se que a média da aluna "Maria" assumiu o valor de sua única nota. O cálculo não considerou as células vazias como 0 (zero). Isso pode ser assumido se trocarmos o comando

```
ActiveCell.FormulaR1C1 = "=AVERAGE(RC[-5]:RC[-3])"
```

por

```
ActiveCell.FormulaR1C1 = "=SUM(RC[-5]:RC[-3])/3"
```

A função *SUM* equivale à função de planilha *SOMA*. Fez-se a divisão da soma algébrica por 3, considerando este número o total de notas de cada aluno. Na execução da macro com essa alteração, o valor impresso na célula G3 será 1.

Sobre a inclusão de fórmulas com o comando FormulaR1C1: em relação a uma posição de uma célula, com sua linha e coluna definidas como *linha de referência* e *coluna de referência*, tem-se:

» *RC[kc]* equivale à linha da referência e um deslocamento da coluna em *kc* unidades;

» *R[kl]C* equivale à coluna da referência e um deslocamento da linha em *kl* unidades;

» *R[kl]C[kc]* equivale ao deslocamento da linha em *kl* unidades e coluna em *kc* unidades.

Então, se a célula de referência for B3 (*linha* = 3 e *coluna* = 2):

» *RC[1]* equivale à mesma linha da referência, 3, e coluna 3, ou seja: C3;

» *R[-2]C* equivale à mesma coluna da referência, 2, e linha 1, ou seja: B1;

» *R[2]C[-1]* equivale à linha 5 e coluna 1, ou seja: A5.

O código seguinte refere-se à Tabela 1.4. O produto das notas de cada aluno é colocado nas posições F1, F2 e F3.

```
Range("F1").Select
ActiveCell.FormulaR1C1 = "=PRODUCT(RC[-4]:RC[-2])"
```

```
Selection.Copy
Range("F2:F3").Select
ActiveSheet.Paste
```

Uma alternativa para *FormulaR1C1* é o comando *Formula*. Com essa propriedade pode-se colocar o endereço das células diretamente. Então a linha de comando

```
ActiveCell.FormulaR1C1 = "=PRODUCT(RC[-4]:RC[-2])"
```

pode ser substituída por

```
ActiveCell.Formula = "=PRODUCT(B1:D1)"
```

A macro *med_alunos()* será incrementada pelos comandos seguintes, colocados nas últimas linhas antes do fechamento da macro (*End Sub*):

```
Range("G1:G3").Font.Bold = True
Range("G1:G3").Font.Italic = True
Range("G1:G3").Font.Size = 18
Range("G1:G3").Font.ColorIndex = 5
Range("G1:G3").Interior.ColorIndex = 6
```

Temos exemplos de propriedades do objeto *Range*. Na sequência mostrada, tem-se a definição da fonte como negrito (*Font.Bold*) e itálico (*Font.Italic*). No caso, indica-se que a propriedade deve ser ativada colocando-se o valor *True* (Verdadeiro). Do contrário, se o valor for *False* (Falso), a propriedade permanecerá como o padrão (o modo que se apresenta quando nenhum valor de propriedade é indicado). O tamanho da fonte (*Font.Size*) passa a ser 18, e as cores das fontes e do preenchimento da célula (*Font.ColorIndex* e *Interior.ColorIndex*) foram definidas por números índices que indicam cores diversas. As cores, com seus respectivos indicadores, fazem parte de uma coleção de 52 cores (52 códigos indicadores) disponíveis.

Mais sobre cores

O Excel possui uma variedade muito maior de cores além das 52 possibilidades referenciadas anteriormente.

A propriedade *Color* pode ter valores de cor que variam de 0 a 16777215. Esses valores podem ser atribuídos com a função *RGB* (*Red, Green, Blue*).

As cores são definidas por vários níveis de vermelho, verde e azul, que são referenciados em seu argumento. Por exemplo, *RGB(9, 0, 0)* representa a cor preta. O código

```
Range("A1:C1").Interior.Color = RGB(9, 0, 0)
```

preenche a faixa de células A1:C1 com a cor preta. Outras cores básicas: *RGB(255, 0, 0)*, vermelho; *RGB(0, 0, 255)*, azul; *RGB(128, 126, 128)*, cinza.

Pode-se, ainda, utilizar-se das cores padrão, com as constantes:

» *vbBlack*: preto;
» *vbRed*: vermelho;
» *vbGreen*: verde;
» *vbYellow*: amarelo;
» *vbBlue*: azul;
» *vbMagenta*: magenta;
» *vbCyan*: ciano;
» *vbWhite*: branco.

O código a seguir é equivalente ao anterior:

```
Range("A1:C1").Interior.Color = vbBlack
```

1.2.3.3. Montagem de uma macro diretamente pelo editor de macros

Como as macros podem ser modificadas, após serem criadas, no editor do VBA, também poderão ser criadas (iniciadas e finalizadas) diretamente no editor.

No exemplo a seguir será criado um código VBA (com conceitos vistos até o momento) em um novo arquivo Excel. Abre-se então o editor do VBA e, em seu menu, clica-se em *Inserir* e, logo depois, em *Módulo*.

Se for acionado novamente o item *Inserir* e *Procedimento*, surgirá a seguinte caixa:

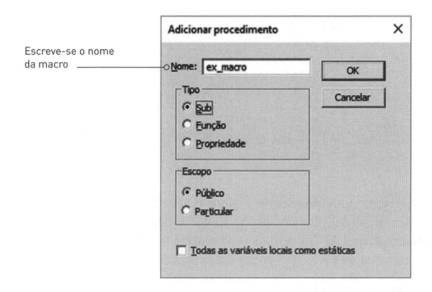

Figura 1.5: Formulário inicial para a criação da macro *ex_macro*

Observa-se que foi dado ao procedimento o nome *ex_macro*. O tipo escolhido para o procedimento foi o *Sub*, e o escopo, *Public*.

Os procedimentos *Sub* públicos (*Public*) podem ser compartilhados com outras sub-rotinas, em qualquer parte do projeto (inclusive em outros módulos). Procedimentos *Sub* são públicos por padrão, ou seja, se não for informado, o interpretador do VBA Excel irá considerá-lo público. Os procedimentos *Sub* privados (*Private*) só poderão ser usados no módulo em que foram criados.

Surge então no editor a listagem:

```
Public Sub ex _ macro()
End Sub
```

Os comandos estarão entre essas duas primeiras linhas de códigos. Ressalta-se que o programador não precisa inserir o procedimento usando o menu do editor. Após a abertura do editor, pode ser escrito o procedimento (ou função) diretamente via teclado.

Será considerado que o grupo de comandos seguintes foi escrito no procedimento:

```
Public Sub ex_macro()
    Range("A1:C3").Font.ColorIndex = 1
    Range("A1:C3").Interior.ColorIndex = 6
    Range("A1:C3").Borders.ColorIndex = 5
    Range("A1:C3").Borders.Weight = xlThin
    Range("A1:C3").Borders.LineStyle = xlContinuous
End Sub
```

O código representa uma sequência que dá um formato particular a um conjunto de células definidas no objeto *Range*. Quando se define uma faixa da planilha da forma A1:C3, tem-se uma **matriz** de células com três linhas e três colunas que têm A1 e C3 como delimitadores:

	A	B	C
1			
2			
3			

Tabela 1.5: Células que equivalem à seleção A1:C3

Com relação a cada instrução da sub-rotina:

```
Range("A1:C3").Font.ColorIndex = 1
Range("A1:C3").Interior.ColorIndex = 6
```

Essas propriedades já foram usadas em exemplos anteriores. Elas definem a cor da fonte e do preenchimento da célula.

```
Range("A1:C3").Borders.ColorIndex = 5
```

A propriedade *Borders* se refere às bordas de uma célula ou conjunto de células. A propriedade *ColorIndex* aplica-se, então, às bordas da matriz, indicando a sua cor.

```
Range("A1:C3").Borders.Weight = xlThin
Range("A1:C3").Borders.LineStyle = xlContinuous
```

Weight e *LineStyle* definem, respectivamente, espessura e tipo de linha das bordas.

A propriedade *Weight* tem as constantes próprias:

- » *xlThin*: espessura padrão;
- » *xlMedium*: espessura média;
- » *xlThick*: espessura grossa;
- » *xlHairline*: espessura fina e tracejada.

As constantes para *LineStyle* são:

- » *xlLineStyleNone*: sem estilo;
- » *xlContinuous*: padrão;
- » *xlDash*: tracejado com linhas;
- » *xlDashDot*: tracejado com a sequência linha-ponto;
- » *xlDashDotDot*: tracejado com a sequência linha-ponto-ponto;
- » *xlDot*: tracejado com pontos;
- » *xlDouble*: borda dupla;
- » *xlSlantDashDot*: tracejado com a sequência linha-ponto inclinada.

Sobre a inclusão da tecla de atalho: uma tecla de atalho pode ser definida dentro do código que representa a macro. Por exemplo, se na macro *ex_macro* for inserido o comando:

```
Application.MacroOptions Macro:="ex _ macro", ShortcutKey:="q"
```

a referida macro será acionada com a combinação das teclas *Ctrl + Q*.

A seguir são mostrados códigos alternativos para a *Sub ex_macro*.

```
Public Sub ex_macro()
    Range("A1:C3").Select
    Selection.Font.ColorIndex = 1
    Selection.Interior.ColorIndex = 6
    Selection.Borders.ColorIndex = 5
    Selection.Borders.Weight = xlThin
    Selection.Borders.LineStyle = xlContinuous
End Sub
```

O comando *Range("A1:C3").Select* foi adicionado. Dessa forma, tem-se uma linha a mais que o código anterior. No entanto, ele é mais flexível: como a seleção A1:C3 foi escrita uma única vez, ela pode ser alterada mais rapidamente quando se usa *Select* e *Selection*.

A macro também pode vir com o texto:

```
Public Sub ex_Macro()
Range("A1:C3").Select
With Selection
    .Font.ColorIndex = 1
    .Interior.ColorIndex = 6
    .Borders.ColorIndex = 5
    .Borders.Weight = xlThin
    .Borders.LineStyle = xlContinuous
End With
End Sub
```

O comando *With* é uma "estrutura de controle" (mais sobre estruturas de repetição e de controle no Capítulo 4) que une a expressão do seu argumento inicial (no caso, o texto *Selection*) com os textos precedidos do ponto (.), que estão entre *With* e *End With*. A **atribuição** " = " é obrigatória. O código também poderia estar do seguinte modo:

```
Public Sub ex_macro()
Range("A1:C3").Select
```

```
With Selection
    .Font.ColorIndex = 1
    .Interior.ColorIndex = 6
End With

With Selection.Borders
    .ColorIndex = 5
    .Weight = xlThin
    .LineStyle = xlContinuous
End With
End Sub
```

Neste código, mostra-se que a estrutura pode ser usada exclusivamente para a propriedade *Borders*.

Considerando-se que a primeira estrutura **With – End With** tenha os comandos:

```
With Selection
    .Font.ColorIndex = 1
    .Interior.ColorIndex = 6
    .HorizontalAlignment = xlCenter
End With
```

Agora, além da formatação da fonte e do preenchimento da célula, em relação a cores, tem-se o posicionamento (alinhamento) do dado de cada célula na posição "central". Outras constantes: *xlRight*: alinhamento à direita; *xlLeft*: alinhamento à esquerda; e *xlJustify*: justificado.

O alinhamento vertical também é contemplado nas propriedades do objeto *Range*. Tomemos a seguinte listagem de comandos:

```
Range("A1:B2").Select
With Selection
    .MergeCells = True
```

```
        .VerticalAlignment = xlCenter
End With
```

O comando *MergeCells* mesclará a faixa A1:B2, fazendo-a funcionar como se fosse uma única célula (com respeito à sua formatação). Já a propriedade *VerticalAlignment* centralizará verticalmente o conteúdo da faixa A1:B2. Outras possibilidades para a propriedade: *VerticalAlignment*: *xlTop*: alinhamento superior, e *xlBottom*: alinhamento inferior.

Alternativamente à propriedade *MergeCells*, tem-se a propriedade *ShrinkToFit*, que reduz o tamanho do texto de uma célula para que caiba em seu interior. Por exemplo:

```
Range("D1").ShrinkToFit = True
```

Este código reduzirá (se necessário) o tamanho do texto da célula D1 para que ele seja impresso totalmente nela.

1.2.4. Pesquisador de objetos do VBA

O editor do VBA traz um recurso chamado "pesquisador de objetos". Ele pode ser acionado com um clique no ícone indicado na figura ou com a tecla F2 (em alguns computadores *Fn + F2*), no VBE.

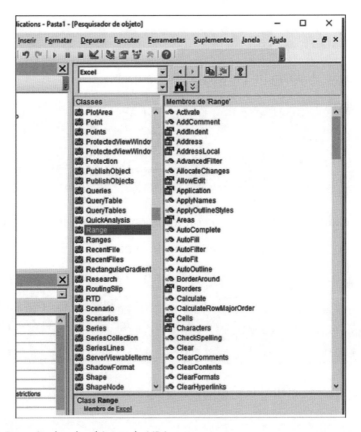

Figura 1.6: Pesquisador de objetos do VBA

Neste exemplo, tem-se o pesquisador como o objeto (ou classe de objeto) *Range* selecionado. A coluna mais à direita lista todos os membros (propriedades, métodos etc.) da classe.

1.3. Elementos do VBA usados no capítulo

Formatação da célula A1 para fonte de tamanho 12:

```
Range("A1").Font.Size = 12
```

Apaga o conteúdo da célula ativa:

```
ActiveCell.Delete
```

Atribuição de fórmula para as células ativas:

```
ActiveCell.FormulaR1C1 = "=TODAY()"
Range("G2").Select
    ActiveCell.FormulaR1C1 = _
    "=AVERAGE(R[-1]C[-5]:R[-1]C[-3])"
```

O marcador "_" indica que o comando continua na linha seguinte.

Cópia do conteúdo de G1, transferindo-o para G2:G3, na planilha ativa:

```
Range("G1").Select
Selection.Copy
Range("G2:G3").Select
ActiveSheet.Paste
```

Tem o mesmo efeito da sequência anterior:

```
Range("G1").Copy Range("G2:G3")
```

Inclusão da fórmula de soma na célula H1:

```
Range("H1").Select
ActiveCell.FormulaR1C1 = _
"=SUM(RC[-5]:RC[-3])/3"
```

As células F1, F2 e F3 receberão a fórmula do produto dos elementos da faixa B1:D1:

```
Range("F1").Select
ActiveCell.FormulaR1C1 = "=PRODUCT(RC[-4]:RC[-2])"
Selection.Copy
Range("F2:F3").Select
ActiveSheet.Paste
```

Produto dos elementos das células B1 a D1:

```
ActiveCell.Formula = "=PRODUCT(B1:D1)"
```

Formatação de uma faixa de célula para estilo de fonte, tamanho da fonte, cor da fonte e preenchimento das células:

```
Range("G1:G3").Font.Bold = True
Range("G1:G3").Font.Italic = True
Range("G1:G3").Font.Size = 18
Range("G1:G3").Font.ColorIndex = 5
Range("G1:G3").Interior.ColorIndex = 6
```

Preenchimento com a cor preta. Outras: *RGB(255, 0, 0)*, vermelho; *RGB(0, 0, 255)*, azul; *RGB(128, 126, 128)*, cinza:

```
Range("A1:C1").Interior.Color = RGB(9, 0, 0)
```

Preenchimento com a cor amarela. Outras: *vbBlack*, preto; *vbRed*, vermelho; *vbGreen*, verde; *vbYellow*, amarelo; *vbBlue*, azul; *vbMagenta*, magenta; *vbCyan*, ciano; *vbWhite*, branco:

```
Range("A1:C1").Interior.Color = vbYellow
```

Cor da borda e atribuição de espessura padrão. Outras: *xlMedium*, espessura média; *xlThick*, espessura grossa; *xlHairline*, espessura fina e tracejada:

```
Range("A1:C3").Borders.ColorIndex = 5
Range("A1:C3").Borders.Weight = xlThin
```

Borda com linha contínua (padrão). Outras: *xlLineStyleNone*, sem estilo; *xlDash*, tracejado com linhas; *xlDashDot*, tracejado com a sequência linha-ponto; *xlDashDotDot*, tracejado com a sequência linha – ponto – ponto; *xlDot*, tracejado com pontos; *xlDouble*, borda dupla:

```
Range("A1:C3").Borders.LineStyle = _
xlContinuous
```

Aplica à macro *ex_macro* o atalho *Ctrl + A*:

```
Application.MacroOptions Macro:="ex_macro", _
ShortcutKey:="a"
```

Formatação com a propriedade *Selection:*

```
Range("A1:C3").Select
Selection.Font.ColorIndex = 1
Selection.Interior.ColorIndex = 6
Selection.Borders.ColorIndex = 5
Selection.Borders.Weight = xlThin
Selection.Borders.LineStyle = xlContinuous
```

Formatação com a propriedade *Selection* e a estrutura *With – End With*:

```
Range("A1:C3").Select
With Selection
    .Font.ColorIndex = 1
    .Interior.ColorIndex = 6
```

```
        .Borders.ColorIndex = 5
        .Borders.Weight = xlThin
        .Borders.LineStyle = xlContinuous
End With
```

Formatação com duas estruturas *With – End With*. Uma exclusivamente para formatação de bordas:

```
Range("A1:C3").Select
With Selection
    .Font.ColorIndex = 1
    .Interior.ColorIndex = 6
End With

With Selection.Borders
    .ColorIndex = 5
    .Weight = xlThin
    .LineStyle = xlContinuous
End With
```

Alinhamento horizontal do dado da célula na posição central:

```
With Selection
    .HorizontalAlignment = xlCenter
End With
```

Mesclagem da faixa de células e centralização vertical:

```
Range("A1:B2").Select
With Selection
    .MergeCells = True
    .VerticalAlignment = xlCenter
End With
```

Redução para caber em uma célula:

```
Range("D1").ShrinkToFit = True
```

Funções da biblioteca do VBA

CAPÍTULO 2

Este capítulo mostra como algumas funções do Excel podem ser usadas diretamente na planilha. Estão ilustradas funções estatísticas e de manipulação de textos e tempo. Essas funções também constituem elementos do VBA, logo o capítulo traz todas elas aplicadas nos códigos de diversas macros.

- Funções da biblioteca do Excel: *MÁXIMO, MÍNIMO, CONT.SE, SE, SOMASE*
- Funções do Excel para texto e tempo (*AGORA* e *HOJE*)
- Uso de funções de planilha no VBA
- Funções VBA para manipulação de textos

2.1. Aplicações de funções da biblioteca do Excel

2.1.1. Funções *MÁXIMO, MÍNIMO, MAIOR, MENOR, CONT.SE* e *SOMASE*

O Excel 2016 tem algumas funções muito populares, de uso bastante difundido, e aqui será mostrada como é a sua utilização pela interface gráfica, para servir de comparação com seu uso nas macros.

As funções MÁXIMO e MÍNIMO retornam os valores limites de determinado conjunto de células, estejam elas em um mesmo intervalo de células ou não.

A tabela da Figura 2.1 pode ser tomada como exemplo. Nela, há valores numéricos bastante diferentes entre si, o que facilita a interpretação visual dos cálculos efetuados por essas funções.

	A	B	C	D
1	10	60		
2	20	70		
3	30	80		
4	40	90		
5	50	100		
6				
7	100	A7=MÁXIMO(A1:B5)		
8				
9	10	A9=MÍNIMO(A1:B5)		

Figura 2.1: Funções *MÁXIMO* e *MÍNIMO*

Dentre as funções populares, podemos citar as funções MAIOR e MENOR, de simplicidade semelhante às funções MÁXIMO e MÍNIMO, com a diferença de se poder encontrar o k-ésimo MAIOR ou MENOR número de uma determinada faixa de células, ou *Range*, e não apenas os valores limites. A tabela da Figura 2.2 mostra isso. Quando se usa na célula a forma MAIOR(A1:B5;2), refere-se ao segundo maior elemento da faixa de células A1:B5.

	A	B	C	D	E
1	10	60			
2	20	70			
3	30	80			
4	40	90			
5	50	100			
6					
7	100	A7=MAIOR(A1:B5;1)			
8					
9	90	A9=MAIOR(A1:B5;2)			
10					
11	10	A11=MENOR(A1:B5;1)			
12					
13	20	A13=MENOR(A1:B5;2)			
14					
15	40	A15=MENOR(A1:B5;4)			
16					

Figura 2.2: Funções *MAIOR* e *MENOR*

Existem, ainda, as funções *CONT.SE* e *SOMASE*. A primeira conta a quantidade de células dentro de um determinado intervalo que atendem a um critério especificado, enquanto a função *SOMASE* soma o **conteúdo** das células dentro de determinado intervalo, desde que atendam ao critério estabelecido. A aplicação dessas funções está na Figura 2.3.

	A	B	C	D
1	10	60		
2	20	70		
3	30	80		
4	40	90		
5	50	100		
6				
7	3	A7=CONT.SE(A1:B5;">70")		
8				
9	2	A9=CONT.SE(A1:B5;">80")		
10				
11	190	A11=SOMASE(A1:B5;">80";A1:B5)		
12				
13	60	A13=SOMASE(A1:B5;"<40";A1:B5)		
14				
15	100	A15=SOMASE(A1:B5;"<50";A1:B5)		

Figura 2.3: Funções *CONT.SE* e *SOMASE*

2.1.2. A função *SE*

O uso de critérios em funções, ou fórmulas, é marcante na função *SE*. Ela retorna um valor se determinado critério for atendido, e outro caso o critério não seja atendido, como pode ser visto na Figura 2.4.

	A	B	C	D	E	F	G	H	I
1	10	60							
2	20	70							
3	30	80							
4	40	90							
5	50	100							
6									
7	Coluna B	A7=SE(SOMA(A1:A5)>SOMA(B1:B5);"Coluna A";"Coluna B")							
8									
9	Coluna A	A9=SE(SOMA(A1:A5)<SOMA(B1:B5);"Coluna A";"Coluna B")							

Figura 2.4: Aplicação da função *SE*

Observação: em fórmulas e funções, os textos devem ser inseridos entre aspas, caso contrário, se o texto sem aspas for o resultado de um critério atendido, será retornada a mensagem de erro: #NOME?.

2.1.3. Funções de texto e tempo

Existem diversas funções de texto no Excel 2016, entre elas as funções *UNIRTEXTO*, *NÚM.CARACT* e *ESQUERDA* e *DIREITA*.

Na tabela da Figura 2.5, tem-se uma aplicação da função *UNIRTEXTO*.

	A	B	C	D	E	F
1	Em					
2	casa					
3	de					
4	ferreiro					
5	espeto					
6	de					
7	pau					
8	!					
9	Em casa de ferreiro espeto de pau !					
10						
11	A9=UNIRTEXTO(" ";0;A1:A7)					

Figura 2.5: A função *UNIRTEXTO*

Essa função requer um delimitador (que será inserido entre os textos que serão unidos) e um parâmetro que especifique se as células vazias serão ignoradas ou incluídas no texto unido. Esses parâmetros serão 0 (zero) ou 1 (um), respectivamente. Além disso, são requeridos os textos a serem unidos, ou as referências às células que contêm tais textos.

A função *NÚM.CARACT* conta a quantidade de caracteres em um texto. A Figura 2.6 exemplifica a função. Nota-se que, na aplicação da função *NÚM.CARACT*, também são contados os sinais de espaço em branco entre as palavras do texto selecionado.

	A	B	C	D	E	F
1						
2	Em	casa	de ferreiro	espeto	de	pau !
3						
4	Ousadia					
5						
6						
7						
8	50		A8=NÚM.CARACT(A2)			
9	8		A9=NÚM.CARACT(A4)			

Figura 2.6: Função *NÚM.CARACT*

As funções *ESQUERDA* e *DIREITA* retornam os caracteres, quantos forem especificados, contados a partir do início e a partir do final dos textos, respectivamente. Quando se usa a função da forma *ESQUERDA(A1;4)*, serão tomadas as quatro primeiras letras do texto que está em A1 (ou a partir dessa célula). A Figura 2.7 também ilustra a função *DIREITA*, que tem seu funcionamento análogo.

	A	B	C	D	E
1	Casa de Bailes da Pampulha				
2					
3					
4					
5	Casa		A5=ESQUERDA(A1;4)		
6					
7	Pampulha		A7=DIREITA(A1;8)		

Figura 2.7: Funções *ESQUERDA* e *DIREITA*

As funções *AGORA* e *HOJE* são autoexplicativas e não requerem parâmetros, apenas os sinais de abre e fecha parênteses após o nome da função. Elas retornarão a hora e a data atual. A próxima figura mostra suas aplicações.

	A	B	C	D
1				
2	17:19:22		A2=AGORA()	
3				
4	sexta-feira, 28 de agosto de 2015		A4=HOJE()	

Figura 2.8: Funções *AGORA* e *HOJE*

Na tabela são apresentados os retornos das funções com uma formatação específica, determinada no Menu do Excel (*Número -> Formatar Células -> Data –* ou *Hora*).

2.2. Uso de funções de planilha no VBA

Consideremos uma sequência de valores em uma linha de uma planilha Excel, conforme a Tabela 2.1. No procedimento *Sub fun_plan,* tem-se uso de funções nativas da planilha eletrônica Excel, apropriadas pelo objeto *WorksheetFunction*, que produzem os resultados expostos na faixa de células A3:F3. Respectivamente, o número de elementos da faixa A1:F1 (representado pelo método *Count*), o maior e o menor valor, a soma, a média e o produto entre os valores da faixa.

	A	B	C	D	E	F	G	H
1	4	8	6	4	5	6		
2								
3	6	8	4	33	5,5	23040		

Tabela 2.1: Planilha com a execução da sub-rotina *fun_plan*

O código do procedimento *Sub fun_plan* está listado a seguir.

Funções da biblioteca do VBA

```
Sub fun _ plan()
'
' Funções de planilha com o objeto WorksheetFunction
'
' Definição do conjunto de dados:
Range("A1:F1").Name = "dad"


Range("A3").Value = Range("dad").Count
Range("B3").Value = WorksheetFunction.Max(Range("dad"))
Range("C3").Value = WorksheetFunction.Min(Range("dad"))
Range("D3").Value = WorksheetFunction.Sum(Range("dad"))
Range("E3").Value = WorksheetFunction.Average(Range("dad"))
Range("F3").Value = WorksheetFunction.Product(Range("dad"))


Range("A3:F3").Font.Italic = True

End Sub
```

O procedimento é encerrado com a formatação das células com o tipo da fonte como itálico.

A faixa de células também poderia ficar com a fonte do tipo negrito e sublinhada:

```
Range("A3:F3").Font.Bold = True
Range("A3:F3").Font.Underline = True
```

A retirada dessas formatações pode ser feita do seguinte modo:

```
Range("A3:F3").Font.Italic = False
Range("A3:F3").Font.Bold = False
Range("A3:F3").Font.Underline = False
```

Ou simplesmente limpando as formatações das células:

```
Range("A3:F3").ClearFormats
```

Para formatar a fonte em itálico ou negrito, pode-se usar:

```
Range("A3:F3").Font.FontStyle = "Italic"
Range("A3:F3").Font.FontStyle = "Bold"
```

Ou, ainda, com os dois formatos de uma vez:

```
Range("A3:F3").Font.FontStyle = "Bold Italic"
```

O próximo exemplo tomará como dados uma matriz que representa as notas de três alunos de uma escola hipotética. Os dados são colocados em uma planilha Excel, conforme mostrado:

	A	B	C	D	E	F	G	H
1	João	6	8	10				
2	José	8	5	8				
3	Maria	3	1	2				

Tabela 2.2: Planilha com notas de três alunos de uma escola hipotética

A próxima macro exemplo terá o código:

```
Sub ex_med()

Range("B1:D3").Name = "notas"

'Média de cada aluno
Range("F1").Value = _
WorksheetFunction.Average(Range("notas").Rows(1))
Range("F2").Value = _
WorksheetFunction.Average(Range("notas").Rows(2))
Range("F3").Value = _
WorksheetFunction.Average(Range("notas").Rows(3))
```

```
'Média da turma
Range("G1").Value = _
WorksheetFunction.Average(Range("F1:F3"))


'Número de alunos com média maior ou igual a 7
Range("h1").Value = _
WorksheetFunction.CountIf(Range("F1:F3"), ">=7")

End Sub
```

Observação: o subscrito, (*underline*) "_", indica que a instrução continua na linha seguinte. É importante ressaltar que há um espaço entre a igualdade " = " e o subscrito.

O comando

```
Range("F1").Value = _
WorksheetFunction.Average(Range("notas").Rows(1))
```

retornaria o mesmo valor à célula F1 se fosse escrito sem a propriedade *Value*:

```
Range("F1")= _
WorksheetFunction.Average(Range("notas").Rows(1))
```

Essa propriedade é particularmente útil quando se quer atribuir, por exemplo, a uma mesma célula um valor numérico e outros formatos, dentro da estrutura *With – End With*. A listagem a seguir ilustra isso:

```
Range("B1:D3").Name = "notas"
With Range("F1")
  .Value = WorksheetFunction.Average(Range("notas").Rows(1))
  .Font.ColorIndex = 1
  .Interior.ColorIndex = 6
End With
```

Aqui a célula F1 tem como valor numérico a média aritmética dos elementos da primeira linha da matriz *"B1:D3"*. A essa célula ainda é atribuída a cor preta para a sua fonte (*Font.ColorIndex = 1*) e o preenchimento amarelo (*Interior.ColorIndex = 6*).

A sub-rotina *ex_med* usa a função *CountIf* para contar o número de alunos com média maior ou igual a 7. Esta função também pode ser usada para contar textos distribuídos em células.

```
Range("A1:A8").Name = "rnge"
var=WorksheetFunction.CountIf(Range("rnge"), "Engenheiro")
```

No código, a função calcula e atribui à variável *var* a quantidade de vezes que o texto *"Engenheiro"* aparece na faixa *A1:A8*.

Nos últimos exemplos, as faixas de células, definidas pelo objeto *Range*, foram nomeadas por títulos diversos. Isso ajuda quando se quer reaproveitar o código com algumas modificações. O exemplo a seguir mostra outra possibilidade para essa nomeação:

```
Sub lin_3()
    Range("A6:C9").Rows(2).Name = "linha2"
                                    'Nome da faixa A7:C7
    Range("linha2").Font.Italic = True
                        'Formatação para itálico
    Range("linha2").Copy
                    'Elementos da linha são copiados
    Range("D6").PasteSpecial xlPasteValues
            'Colar especial valores a partir de D6
    Range("D7").PasteSpecial xlPasteAll, Transpose:=True
        'Colar a partir de D7, fazendo a transposição
End Sub
```

No comando

```
Range("D7").PasteSpecial xlPasteAll, Transpose:=True
```

os elementos da *"linha2"* são "colados" na faixa vertical *D7:D9*.

2.2.1. Novas funções do Excel 2016

2.2.1.1. Função SES

Alternativa à função *SE*. Consiste em uma sequência de condições lógicas, em que a primeira condição verdadeira será validada.

Exemplo: =*SES(A1>=0;A1;A1<0;-A1)*.

Nesta aplicação, a função escreve o módulo (valor absoluto, positivo) do número contido em A1.

No exemplo, uma das condições será obrigatoriamente verdadeira. Mas pode ocorrer que nenhuma condição seja verdadeira, e então é impressa a mensagem indicativa de erro *#N/D*. Poderá não ficar claro o que levou ao erro. Sugere-se então incluir uma última condição, que será obrigatoriamente verdadeira, e o seu retorno:

=*SES(A1>0;A1;A1<0;-A1;VERDADEIRO;0)*.

Aqui, se o número em A1 for zero, a última condição é a única verdadeira, então o retorno da função será o número 0.

2.2.1.2. Funções MÁXIMOSES e MÍNIMOSES

A função *MÁXIMOSES* imprime o máximo de um grupo, sob condições específicas.

Exemplo: consideremos a Tabela 2.2, que lista o salário de quatro funcionários de uma empresa hipotética, indicando suas funções.

	P	Q	R
11	Nome	Função	Salário
12	Abel	Engenheiro	10.000
13	Cedre	Operador	6.000
14	Fulvio	Operador	7.000
15	Haryt	Engenheiro	13.000

Tabela 2.3. Dados de funcionários de uma empresa

A fórmula: =MÁXIMOSES(R12:R15;Q12:Q15;"Operador") retornará o maior salário entre os funcionários cuja função é "Operador". A função retorna o valor máximo entre os valores da faixa do primeiro argumento, no caso do exemplo, R12:R15.

A função MÍNIMOSES se apresenta analogamente à função MÁXIMOSES.

2.2.1.3. Função PARÂMETRO

A função associa um valor (número ou texto) relativo ao valor de seu primeiro argumento. Por exemplo, considerando-se a Tabela 2.2, a fórmula =PARÂMETRO(Q12;"Engenheiro";"Eng";"Operador";"Op") retorna o código *Eng*, se o valor em Q12 for "Engenheiro", e *Op*, caso Q12 tenha o texto "Operador".

Se o valor em Q12 não for um dos listados nos argumentos, a função retorna uma mensagem de erro. Alternativamente, considerando-se a possibilidade =PARÂMETRO(Q12;"Engenheiro";"Eng";"Operador";"Op";"SEM CÓDIGO"), a função imprimirá o texto "SEM CÓDIGO", caso o valor de Q12 seja diferente de "Engenheiro" ou "Operador".

2.2.1.4. Funções PREVISÃO.ETS e PREVISÃO.ETS.CONFINT

A função PREVISÃO.ETS faz a estimativa de um valor futuro baseado em uma série histórica. ETS significa *evolving Takagi-Sugeno*, que é um algoritmo baseado em inteligência artificial (no caso, a chamada *lógica fuzzy*). A função PREVISÃO.ETS.CONFINT retorna um dado estatístico denominado "intervalo de confiança".

A forma mais simples da função tem a sintaxe: PREVISÃO.ETS(< endereço do valor - alvo >;< valores - base >;< série histórica >).

Aqui, < endereço do valor - alvo > é a célula onde está o dado histórico (mês, ano etc.) do qual se deseja fazer a estimativa; < valores – base > constituem valores conhecidos, de outros dados históricos, que servem de base para a estimativa (previsão) pela função; < série histórica > representa as datas em que ocorrem os *valores – base*.

Segue um exemplo ilustrativo. Consideremos a tabela que lista o número de vendas de um certo produto de uma loja ou empresa hipotética:

	A	B
1	Mês/ano	Vendas
2	out. 15	66
3	nov. 15	44
4	dez. 15	47
5	jan. 16	89
6	fev. 16	77
7	mar. 16	66
8	abr. 16	99
9	mai. 16	68
10	jun. 16	

Tabela 2.3: Número de vendas de um determinado produto

O objetivo é estimar o valor do número de vendas no mês de junho de 2016. A função *PREVISÃO.ETS* é colocada na célula B10 da seguinte forma: =*PREVISÃO.ETS(A10;B2:B9;A2:A9)*.

A função retornará o valor estimado das vendas no dado histórico (mês/ano) colocado em A10. Os *valores – base* estão na faixa B2:B9, enquanto que a *série histórica* está em A2:A9. O valor retornado é 63,513. Como se tratam de vendas, o valor deveria ser de um número inteiro. Assim, pode-se considerar o número como sendo 64 (ou 63).

Agora, se a função *PREVISÃO.ETS.CONFINT* for usada com o mesmo conjunto de argumentos, =*PREVISÃO.ETS.CONFINT(A10;B2:B9;A2:A9)*, o valor retornado será aproximadamente 14,12. Considerando o número inteiro imediatamente maior, 15, como sendo o valor do intervalo de confiança, tem-se que o número de vendas estaria entre 64 – 15 e 64 + 15, com 95% de confiança.

2.2.2. Novas funções do Excel 2016 no VBA

A Tabela 2.4 lista a quantidade de três produtos de uma empresa hipotética vendidos no ano de 2016 por quatro de suas filiais.

	A	B	C	D	E	F
1			Filial			
2	Ano	Produto	1	2	3	4
3	2016	Prod1	39	44	41	11
4		Prod2	49	5	32	10
5		Prod3	47	11	55	7

Tabela 2.4: Vendas de um produto hipotético

O código seguinte coloca na célula H3 o valor máximo de vendas do produto *Prod1*. Em I3 coloca-se a função *SES* que imprime o número indicador da filial que efetuou as vendas. A listagem replica as fórmulas nas células H4 e H5.

```
Range("H3").Formula = "=MAX(C3:F3)"
Range("I3").Formula = "=IFS(C3=H3,1,D3=H3,2,E3=H3,3,F3=H3,4)"
Range("H3:I3").Copy Range("H4:H5")
```

O código mostra que a função do VBA *MAX* equivale à função *MÁXIMO* do Excel, e que a função *IFS* equivale à função *SES*.

Outras equivalências:

Excel	VBA
MÁXIMOSES	MAXIFS
MÍNIMOSES	MINIFS
PARÂMETRO	SWITCH

Tabela 2.5: Equivalência dos nomes das funções

Agora será impresso em um conjunto de faixas abaixo da Tabela 2.5 o produto com o menor número de vendas de cada filial. A seguir é listado o código e como o resultado é mostrado, na Tabela 2.6.

```
Range("C7").Formula = "=MIN(C3:C5)"
Range("C8").Formula = _
"SWITCH(C7,C3,""Prod1"",C4,""Prod2"",C5,""Prod3"")"
Range("C7:C8").Copy Range("D7:F7")
```

	A	B	C	D	E	F
7			39	5	32	7
8			Prod1	Prod2	Prod2	Prod3

Tabela 2.6: Valores mínimos de cada filial

Quando se tem a referência a um texto dentro de fórmulas colocadas pelo comando *Formula*, este é posto com aspas duplas. Por exemplo: *""Prod1""* na linha de código da função *Switch*. Outra diferença é a troca do ponto e vírgula como separador de argumentos das funções do Excel por vírgula quando a função é usada no editor do VBA.

Nesse momento, usamos as novas funções escrevendo suas fórmulas nas células. Pode-se suprimir a impressão textual da fórmula se apenas o valor retornado for importante.

No exemplo da Tabela 2.5, da função *MAXIMOSES*, a aplicação da função da forma =*MAXIMOSES(R12:R15;Q12:Q15;"Operador")* no VBA seria:

```
Range("T12").Formula="=MAXIFS(R12:R15,Q12:Q15,""Operador"")"
```

A fórmula seria impressa na célula T2. Se o programador quiser apenas imprimir o valor retornado pela função, o código poderia ser escrito com a função *Evaluate*:

```
Range("T12")=Evaluate("=MAXIFS(R12:R15,Q12:Q15,""Operador"")")
```

2.2.2.1. Funções PREVISÃO.ETS e PREVISÃO.ETS.CONFINT no VBA

As funções de previsão têm seus equivalentes próprios no VBA, que podem ser usados com o objeto *Worksheetfunction*.

No exemplo que tem a Tabela 2.5 como referência, na célula B10 foi posta a função: *=PREVISÃO.ETS(A10;B2:B9;A2:A9)*. Em VBA, poderia ser colocado da forma:

```
Range("B10") = WorksheetFunction. _
Forecast_ETS(CDate(Range("A10")),Range("B2:B9"), Range("A2:A9"))
```

Para a função *PREVISÃO.ETS.CONFINT*, troca-se *Forecast_ETS* por *Forecast_ETS_ConfInt*.

No uso das funções de previsão, foi usada a função de tempo *CDate*. Ela converte o valor numérico da célula A10 no formato de data que é válido para as funções de previsão. Essa função é necessária mesmo se a célula já estiver com o formato numérico de data. Funções de tempo serão exploradas mais adiante.

2.2.3. Funções para manipulação de textos

2.2.3.1. Função Len

Esta função conta o número de caracteres de um texto.

```
s = Len(Range("a1"))
```

A variável *s* mede o número de caracteres do texto que está na célula A1. Se houver um número em A1, o valor de *s* será a quantidade de caracteres que formam o número. Assim, se em A1 estiver o número *234,65*, o valor de *s* será 6.

A função mede a quantidade de caracteres de seu argumento, inclusive os espaços livres. O valor de *s* no comando seguinte será 10.

```
s = Len("Excel 2016")
```

2.2.3.2. Função Mid

Seja a atribuição à variável s, dada pelo comando:

```
s = Mid("Excel 2016", 1, 7)
```

O código atribuirá o texto que vai do 1º ao 7º caractere do texto "Excel 2016" à variável s, ou seja, "Excel 2". Observa-se que a função considera os espaços livres como caracteres.

O primeiro argumento da função pode ser uma referência a uma célula:

```
s = Mid(Range("A1"), 1, 5)
```

Se o terceiro argumento for omitido, como no exemplo

```
s = Mid(Range("A1"), 2)
```

s será o texto da célula A1, a partir do 2º caractere.

2.2.3.3. Funções Left e Right

Análogas às funções de planilha *ESQUERDA* e *DIREITA*. Analisando-se a listagem

```
txt = "Planilhas"
    s = Left(txt, 4)
    s2 = Right(txt, 4)
```

a função *Left* escreverá os primeiros quatro caracteres da variável *txt*: s ="*Plan*". Na função *Right*, é escrito o texto que está à direita a partir do caractere 4, ou seja, a partir do quinto caractere: s2 = "*ilhas*".

2.2.3.4. Função InStr

Esta função indicará a posição onde começa uma sequência de caracteres, que faz parte do texto de referência. Considerando que o texto em A1 é "*Planilhas*", o código

```
s = InStr(Range("A1"), "anilha")
```

retornará à variável s o valor 3. Se o texto do segundo argumento da função não estiver contido no texto de referência (em A1), o valor de s será

0. Esta função é *case sensitive*, ou seja, ela diferencia letras maiúsculas de minúsculas. Então, se no lugar de *"anilha"* estiver o texto *"Anilha"*, o valor de s será 0 (zero).

2.2.3.5. Funções UCase e LCase

À variável s será retornado o texto "Excel 2016" em caixa alta (todas as letras maiúsculas – "EXCEL 2016") se for resultado da aplicação da função *UCase*, como segue:

```
s = UCase("Excel 2016")
```

A função *LCase* é análoga para letras minúsculas.

2.2.3.6. Função StrComp

Esta função compara os textos de seus argumentos:

```
s = StrComp(Range("a1"), Range("a2"))
```

A função retornará para s o valor 0 (zero) se os textos em A1 e A2 forem exatamente iguais, inclusive comparando letras maiúsculas e minúsculas. Se o retorno for 1, os textos são diferentes e estarão em ordem alfabética inversa. Se s = – 1 , então os textos não são iguais e estarão em ordem alfabética.

2.2.3.7. Função StrReverse

A função *StrReverse* inverte o texto de seu argumento. Assim,

```
s = StrReverse("VBA Excel")
```

retorna para a variável s o texto: *"lecxE ABV"*.

2.2.3.8. Função Replace

Função para substituição total ou parcial de textos. No código

```
s = Replace("Casado", "as", "ans")
```

a variável s terá o valor *"cansado"*.

2.2.3.9. Função Split

Consideremos o comando:

```
Range("C1") = Split(Range("A1"))
```

Aqui, na célula C1 estará o texto de A1, **até o primeiro espaço em branco**. Por exemplo: se o texto de A1 for "*Excel 2016*", em C1 será escrito o texto "*Excel*". Se o endereço de retorno da função *Range("C1")* for substituído por *Range("C1:D1")*, os textos "*Excel*" e "2016" apareceram nas células C1 e D1, respectivamente. Já se *Range("C1")* for substituído por *Range("C1:C2")*, o texto "*Excel*" preencherá as células C1 e C2.

2.2.3.10. Função Trim, Ltrim e Rtrim

São funções que retiram espaços em branco dos extremos de um texto. No exemplo

```
Range("C1") = Trim(Range("A1"))
```

o texto de A1 será impresso em C1 sem espaços em branco nos seus extremos (antes e depois do texto). As funções *Ltrim* e *Rtrim* eliminarão os espaços em branco à esquerda e à direita, respectivamente.

2.2.4. Funções de data e tempo

2.2.4.1. Funções Date, Time e Now

As funções *Date* e *Time* retornam a data e hora atuais. O código a seguir ilustra o uso dessas funções.

```
Range("A1") = Date
Range("B1") = Time
```

Supondo que as funções tenham sido usadas nos seis primeiros dias do mês de setembro do ano de 2016, às 9h30 da noite, o retorno será, respectivamente, *06/09/2016* e *9:30:00 PM*.

Já o comando

```
Range("C1") = Now
```

retornará na célula C1: *12/06/2016 21:50*. A função retorna a data e hora atuais.

Esses formatos de data e hora são os formatos padrões.

Essas funções não têm argumentos. Outra função que pode ser usada sem argumento é a função *Timer*, a qual traz o número de segundos ocorrido, desde às 0h do dia atual. Assim, se usado às 9h30 da noite, o comando seguinte retornará o valor de 34.200 segundos.

```
Range("D1") = Timer
```

As funções *Date* e *Time* equivalem às funções *DateValue* e *TimeValue*, quando usadas da forma como segue:

```
Range("A1") = DateValue(Now())
Range("B1") = TimeValue(Now())
```

As funções *Hour*, *Minute* e *Second* podem ser usadas para retorno das horas, minutos e segundos atuais: *Hour(Now)*, *Minute(Now)* e *Second(Now)*. Podem ser usadas também para estabelecer um incremento no tempo. Por exemplo, *Minute(Now)+10* representa um incremento de dez minutos no tempo atual.

2.2.4.2. Função DatePart

A função *DatePart* tem sua sintaxe como *DatePart("< cod_part >", "< data >")*. Ela retornará a parte da data definida em seu segundo argumento, considerando-se o valor de < cod_part >. O comando

```
Range("A1") = DatePart("ww", "03/02/2016 19:30:05")
```

mostrará o número da semana em que ocorre a data 03/01/2016. Ou seja: 2. A data ocorreu na segunda semana do ano de 2016. Na Tabela 2.7, listam-se os valores que < cod_part > pode assumir, além de *ww*, e o retorno do código anterior, considerando-se a substituição de *ww*, por cada constante da primeira coluna da tabela.

< cod_part >	Significado	Retorno do código
yyyy	Ano da data	2016
q	Número do trimestre	1
m	Mês	2
y	Dias ocorridos no ano, até a data	34
d	Dia	3
w	Número do dia da semana: 1 - dom, 2 – seg,...	4 (quarta-feira)
h ou n ou s	Horas ou minutos ou segundos	19 ou 30 ou 05

Tabela 2.7: Argumentos da função *DatePart*

O código

```
Range("A1") = DatePart("w", "03/02/2016 19:30:05")
```

que indica o dia da semana da data de seu segundo argumento, no caso 4 (quarta-feira), equivale ao próximo código, no qual é usada a função *Weekday*:

```
Range("A1") = Weekday("03/02/2016 19:30:05")
```

Pode-se também indicar o dia da semana pelo seu nome. Na listagem a seguir, será impresso na célula A1 o texto "quarta-feira".

```
Range("A1") = WeekdayName(Weekday("03/02/2016 19:30:05"))
```

O nome da data pode também vir de forma abreviada (no caso, o texto "qua") com:

```
Range("A1") = WeekdayName(Weekday("03/02/2016 19:30:05"),True)
```

2.2.4.3. Funções DateAdd e DateDiff

A função *DateAdd* tem sua sintaxe apresentada como segue:

DateAdd("< cod_Add >", < interval >, "< data >").

O argumento < *cod_Add* > equivale aos mesmos códigos da Tabela 2.7. < *interval* >, é o número que será adicionado à < *data* >, formando a nova data que a função retornará. Ou seja, por exemplo, no código

```
Range("A1") = DateAdd("d", 3, "03/01/2016")
Range("B1") = DateAdd("yyyy", -3, "03/01/2016")
```

será impressa na célula A1 a data de três dias após a referência 03/01/2016, ou seja, 06/01/2016. Em B1, a data impressa será 03/01/2013, data de três anos anteriores à data de referência 03/01/2016.

A função *DateDiff* determina a quantidade de dias, meses ou anos (de acordo com os códigos da Tabela 2.7) que ocorrem entre datas. Sua sintaxe é apresentada como segue:

DateDiff("< cod_Diff >", < data_1 >, "< data_2 >").

O argumento < cod_Diff > é equivalente ao mostrado na Tabela 2.7. < data_1 > e < data_2 > são datas.

No código a seguir, a função é usada para escrever, respectivamente em A1 e B1, a quantidade de anos e dias, entre duas datas.

```
Range("A1") = DateDiff("yyyy", "01/01/2001", "01/01/2005")
Range("B1") = DateDiff("d", "01/01/2001", "03/01/2001")
```

Serão impressos nessas células, respectivamente, 4 e 2.

A seguir, será mostrado outro exemplo. A Tabela 2.8 contém a data de nascimento de uma pessoa na célula C1. É o único dado digitado pelo usuário. O próximo código deixará as células C2, C3 e C4 com os valores mostrados na Tabela 2.8.

```
Data_na = Range("c1").Value
Range("c2") = DateDiff("yyyy", Data_na, Date)
Range("c3") = DateAdd("yyyy", Range("c2").Value, Data_na)
Range("c4") = DateDiff("d", Date, Range("c3").Value)
```

Funções da biblioteca do VBA

	A	B	C	D	E
1			Data de nascimento:	22/11/1969	
2			Idade:	47	
3			Data do aniversário:	22/11/2016	
4			Dias para aniversário:	75	

Tabela 2.8: Tabela de exemplo para funções de data

Os valores retornados pelo código são, respectivamente, a idade, a data do aniversário e dias restantes para o aniversário no ano vigente. A data atual, o dia em que o usuário executa o código (função *Date*), é considerada na obtenção da idade e do número de dias restantes para o aniversário da pessoa no ano.

Neste código, se o dia de aniversário já tiver passado, se a macro for executada em data posterior à data de aniversário, na célula C4 será impresso um valor negativo. Se o dia da execução da macro for exatamente o dia do aniversário, o número 0 (zero) será impresso em C4. Podem-se mudar essas ações de comando, por exemplo, usando-se a função *IFS*. O código a seguir poderia então ser adicionado:

```
Range("c4")= _
Evaluate("=IFS(c4>0,c4,c4<0,""Já ocorreu"",c4=0,""Parabéns !"")")
```

2.2.4.4. A função Format para datas

Já é conhecida uma propriedade para formatação do conteúdo de células, a propriedade *NumberFormat*. Datas e valores de tempo têm uma função própria para sua formatação. Sua sintaxe é dada a seguir: < data formatada > = *Format*(< data >, "< arg >").

Por exemplo, o código

```
Dat_format = Format("06/09/2016", "Long Date")
Range("A1") = Dat_format
```

imprimirá em A1 o texto *Terça-feira, 6 de setembro de 2016*.

A função *Format* apresenta uma quantidade imensa de possibilidades para a formatação das datas (e/ou tempo). Na Tabela 2.9 são colocadas algumas possibilidades, considerando-se o argumento < data > como sendo o sexto dia do mês de setembro do ano de 2016, e nomeando a variável < data formatada > como *Dat_format* (conforme último código).

< arg >	Dat_format
Short Date	06/09/2016
d/m/yy ou d/m/yyyy	09/06/2016
m/d/yy ou m/d/yyyy	06/09/2016
dd/mmm/yy	06/set/16
dd/mmmm/yyyy	06/setembro/2016
ddd/mm/yyyy	ter/09/2016
ddd/mmm/yyyy	ter/set/2016
dddd/mm/yy	terça-feira/09/16
dddd/mmm/yyyy	terça-feira/set/2016
dddd/mmmm/yy	terça-feira/setembro/16
dddd/mmmm/yyyy	terça-feira/setembro/2016
dddd,d/m/yy	terça-feira,6/9/16

Tabela 2.9: Aplicação da função *Format*

2.3. Elementos do VBA usados no capítulo

Funções de planilha com o objeto *WorksheetFunction*. Respectivamente: contador de elementos, cálculo do valor máximo, do valor mínimo, soma, média e produto:

```
Range("A1:F1").Name = "dad"
Range("A3").Value = Range("dad").Count
Range("B3").Value = _
WorksheetFunction.Max(Range("dad"))
Range("C3").Value = _
WorksheetFunction.Min(Range("dad"))
Range("D3").Value = _
WorksheetFunction.Sum(Range("dad"))
Range("E3").Value = _
WorksheetFunction.Average(Range("dad"))
Range("F3").Value = _
WorksheetFunction.Product(Range("dad"))
```

Formatação em itálico, negrito e sublinhado. Para desfazer, troca-se *True* por *False*:

```
Range("A3:F3").Font.Italic = True
Range("A3:F3").Font.Bold = True
Range("A3:F3").Font.Underline = True
```

Retirada de formatações de células:

```
Range("A3:F3").ClearFormats
```

Formatação em itálico, negrito e as duas de uma vez, como a propriedade *FontStyle*:

```
Range("A3:F3").Font.FontStyle = "Italic"
```

```
Range("A3:F3").Font.FontStyle = "Bold"
Range("A3:F3").Font.FontStyle = "Bold Italic"
```

Cálculo da média de três linhas de uma faixa de células. Em G1, a média das médias:

```
Range("B1:D3").Name = "notas"
Range("F1").Value = _
WorksheetFunction.Average(Range("notas").Rows(1))
Range("F2").Value = _
WorksheetFunction.Average(Range("notas").Rows(2))
Range("F3").Value = _
WorksheetFunction.Average(Range("notas").Rows(3))
Range("G1").Value = _
WorksheetFunction.Average(Range("F1:F3"))
```

Contagem de números maiores ou iguais a 7 em F1:F3:

```
Range("h1").Value = _
WorksheetFunction.CountIf(Range("F1:F3"), ">=7")
```

Média entre os valores da linha 1 da faixa B1:D3, com e sem a propriedade *Value*:

```
Range("F1").Value = _
WorksheetFunction.Average(Range("notas").Rows(1))
Range("F1")= _
WorksheetFunction.Average(Range("notas").Rows(1))
```

Inserindo em F1 o valor da média aritmética dos valores da primeira linha de B1:D3. Formatando cor de fonte e do preenchimento da faixa:

```
Range("B1:D3").Name = "notas"
With Range("F1")
```

```
.Value = _
WorksheetFunction.Average(Range("notas").Rows(1))
.Font.ColorIndex = 1
.Interior.ColorIndex = 6
End With
```

Cálculo do número de células que contêm o texto "Engenheiro":

```
Range("A1:A8").Name = "rnge"
Var = WorksheetFunction.CountIf(Range("rnge"), _
"Engenheiro")
```

À faixa A6:C9 é dado o nome de *Linha2*. A linha tem sua fonte formatada como itálico, e seus elementos são copiados:

```
Range("A6:C9").Rows(2).Name = "linha2"
Range("linha2").Font.Italic = True
Range("linha2").Copy
```

"Colar especial" dos elementos de *Linha2*, a partir da célula D6:

```
Range("D6").PasteSpecial xlPasteValues
```

"Colar especial" dos elementos de *Linha2*, a partir da célula D7, fazendo a transposição para a coluna D7:D9:

```
Range("D7").PasteSpecial _
xlPasteAll, Transpose:=True
```

Aplicação das fórmulas de planilha MAX e IFS:

```
Range("H3").Formula = "=MAX(C3:F3)"
Range("I3").Formula = _
"=IFS(C3=H3,1,D3=H3,2,E3=H3,3,F3=H3,4)"
```

Cópia dos valores de H3:I3 em H4:H5:

```
Range("H3:I3").Copy Range("H4:H5")
```

Aplicação das funções MIN e SWITCH:

```
Range("C7").Formula = "=MIN(C3:C5)"
Range("C8").Formula = _
"=SWITCH(C7,C3,""Prod1"",C4,""Prod2"",C5,""Prod3"")"
```

Uso das funções MAXIFS e FORECAST_ETS:

```
Range("T12").Formula = _
"MAXIFS(R12:R15,Q12:Q15,""Operador"")"
Range("T12") = _
Evaluate("=MAXIFS(R12:R15,Q12:Q15,""Operador"")")
Range("B10") = WorksheetFunction. _
Forecast_ETS(CDate(Range("A10")),Range("B2:B9"), _
Range("A2:A9"))
```

Número de caracteres do texto em A1:

```
s = Len(Range("a1"))
```

Atribui-se a s o número de caracteres do texto "Excel 2016":

```
s = Len("Excel 2016")
```

Atribui-se à variável s o texto que vai do 1º ao 7º caractere do texto *Excel 2016*:

```
s = Mid("Excel 2016", 1, 7)
```

Refere-se ao texto da célula A1, do 1º ao 5º caractere:

```
s = Mid(Range("A1"), 1, 5)
```

Atribui-se a s o texto de A1, a partir do 2º caractere:

```
s = Mid(Range("A1"), 2)
```

Atribui-se a s os primeiros quatro caracteres da variável *txt*. Na função *Right*, *s2* será o texto que está à direita do 4º caractere:

```
txt = "Planilhas"
s = Left(txt, 4)
s2 = Right(txt, 4)
```

Indica a posição onde começa o texto *"anilha"* no texto de A1:

```
s = InStr(Range("A1"), "anilha")
```

O texto será atribuído a s, com todas as letras em maiúsculo:

```
s = UCase("Excel 2016")
```

Comparam-se os textos de A1 e A2. Se forem iguais, s recebe o valor 0 (zero):

```
s = StrComp(Range("a1"), Range("a2"))
```

A função inverte o texto de seu argumento:

```
s = StrReverse("VBA Excel")
```

A função substituirá o texto *"as"* de *"Casado"* por *"ans"*:

```
s = Replace("Casado", "as", "ans")
```

O texto de C1, até o 1º espaço em branco, será impresso em A1:

```
Range("C1") = Split(Range("A1"))
```

O texto de C1 é impresso em A1, sem espaços em branco nas extremidades:

```
Range("C1") = Trim(Range("A1"))
```

Impressão de data e hora atuais:

```
Range("A1") = Date

Range("B1") = Time
```

Impressão de data e hora:

```
Range("C1") = Now
```

Número de segundos ocorridos na data atual:

```
Range("D1") = Timer
```

Equivalentes a *Date* e *Time*, respectivamente:

```
Range("A1") = DateValue(Now())
Range("B1") = TimeValue(Now())
```

Quantidade de semanas até a data de referência:

```
Range("A1") = DatePart("ww", "03/02/2016 19:30:05")
```

Imprime o número que representa o dia da semana:

```
Range("A1") = Weekday("03/02/2016 19:30:05")
```

Imprime o nome completo do dia da semana:

```
Range("A1") = _
WeekdayName(Weekday("03/02/2016 19:30:05"))
```

Imprime o nome abreviado do dia da semana:

```
Range("A1") = _
WeekdayName(Weekday("03/02/2016 19:30:05"),True)
```

Imprime em A1 a data ocorrida três dias após a data de referência:

```
Range("A1") = DateAdd("d", 3, "03/01/2016")
```

Imprime em A1 a quantidade de anos ocorridos entre as datas de referência:

```
Range("A1") = _
DateDiff("yyyy", "01/01/2001", "01/01/2005")
```

Imprime em A1 a data de referência no formato *"Long Date"*:

```
Dat_format = Format("06/09/2016", "Long Date")
Range("A1") = Dat_format
```

O objeto *Range*

CAPÍTULO 3

O objeto *Range*, por se apresentar como um dos mais importantes do VBA, terá sua aplicação mostrada ao longo de todo o capítulo.

- O objeto *Range* e suas aplicações

3.1. Mais sobre o objeto *Range*

Na programação em VBA, a referência a células de uma planilha se apresenta como um dos aspectos mais importantes na produção de macros. Os programas em VBA quase sempre precisam administrar informações colocadas nas células de uma planilha. O objeto *Range* se destaca por causa disso. A seguir são mostradas outras de suas funcionalidades.

3.1.1. Atribuição de valores/formatos a células não sequenciais

Os comandos a seguir realizam diferentes operações: *Range("K1, N1:P1")*: seleção de células alternadas. O objeto referencia a célula K1, mais uma faixa contínua no intervalo N1:P1. O código

```
Range("K1, N1:P1").Value = 1
```

preenche a célula K1 e a faixa N1:P1 com o número 1. Será observado que as células L1 e M1, que estão entre as seleções do comando, ficarão vazias (se originalmente já estiverem, caso contrário, o conteúdo delas será mantido). Diferente do código

```
Range("K1", "N1:P1").Value = 1
```

Aqui, as células L1 e M1 também receberão o número 1. Ou seja, equivale a preencher a faixa K1:P1.

Na linha de comando

```
Range("K1, N1:P1").Clear
```

o conteúdo e a formatação das células serão apagados. A formatação seria mantida se o método *Clear* fosse substituído por *ClearContents* (o mesmo que teclar Delete).

Com a propriedade *UsedRange* tem-se a referência a todas as células que estão em uso na planilha ativa. O código

```
ActiveSheet.UsedRange.Select
Selection.Font.Bold = True
```

ativa a formatação do tipo de fonte em negrito a todas as células em uso da planilha.

O próximo código formata toda a vizinhança retangular à célula B4, que neste exemplo estaria em uso, com preenchimento de célula na cor amarela.

```
Range("b4").CurrentRegion.Select
Selection.Interior.Color = vbYellow
```

3.1.2. Fazendo referência a células de uma faixa especificada

Quando se aplica, por exemplo, o comando *Range("A2:C4").Cells(1, 2)*, faz-se referência à célula que está na 1ª linha e na 2ª coluna da matriz A4:C4 (ou seja, a célula B2). O comando *Cells* será discutido com mais detalhes posteriormente.

Quando se aplica o comando *Range("A1:C3").Rows(3).Select*, seleciona-se a terceira coluna da matriz definida pela faixa A1:C3.

Se o código for

```
Result = WorksheetFunction.Average(Range("B1:D3").Rows(3))
```

à variável *Result* retorna-se a média aritmética dos elementos da linha 3 da seleção B1:D3.

A seguir tem-se um código que mostra a seleção de uma faixa de células, de uma referência inicial até a célula que está ativa:

```
Range("A1", ActiveCell).Value = 1
```

Se a célula ativa for, por exemplo, C1, a faixa A1:C1 será preenchida com o número 1.

Analogamente, pode-se referir-se a uma faixa de células da forma:

```
Range(ActiveCell, "B2").Value = 1
```

Se a célula ativa for, por exemplo, A1, as células que receberão o valor numérico 1 estarão na matriz A1:B2.

3.1.3. Deslocamentos com a propriedade *Offset*

A seguir tem-se duas linhas de códigos VBA que inserem a fórmula "=2*A1" na célula que está uma linha abaixo e três colunas à direita da célula A1 (ou seja, na célula D2):

```
faixa = "A1"
Range(faixa).Offset(1, 3).Formula = "=2*A1"
```

Outras referências com a propriedade:

» Referência à célula A1: *Range("C2").Offset(-1, -2)*;
» Referência à célula B1: *Range("B1").Offset(0, 0)*.

3.1.4. Redimensionando o *Range* com a propriedade *Resize*

O comando *Range("< faixa de referência >").Resize(< lin > , < col >)* refere-se a uma faixa de células com número de linhas < lin > e colunas < col >, incluindo-se a faixa de referência. Os argumentos < lin > e < col > são números inteiros positivos.

No código a seguir faz-se a formatação de uma faixa de células tomando como referência a célula A5:

```
Range("A5").Resize(3, 1).Interior.ColorIndex = 15
```

Este comando aplicará à faixa A5:A7 a cor de preenchimento cujo código é 15. Ou seja, a nova faixa terá três linhas, a partir da célula A5, e uma coluna.

No código

```
Range("A5").Resize(3, 2).Interior.ColorIndex = 15
```

a matriz preenchida será A5:B7.

Outros exemplos:

» *Range("A5").Resize(,2)*: refere-se à faixa A5:B5 (inclusão de colunas);
» *Range("A5").Resize(3)*: refere-se à faixa A5:A7 (inclusão de linhas);
» *Range("A5:B5").Resize(3,3)*: refere-se à faixa A5:C7;

» *Range("A5:E5").Resize(3,3)*: refere-se à faixa A5:C7.

Nesse último código, na faixa de referência, tem-se um número maior de colunas que o número de colunas do argumento da função *Resize*. O interpretador então ignorará as colunas a partir de D5. Isto é, a faixa de referência considerada será A5:C5.

Range("A5:C7").Resize(2,2): refere-se à faixa A5:B6. Ou seja, será considerada a matriz A5:B6 que está "dentro" da matriz A5:C7.

3.1.5. Selecionando-se uma fila inteira

Uma fila representa uma linha ou uma coluna.

O comando *Range("A:C")* refere-se a todas as células das colunas A e C. Na linha de comando

```
Range("A:C").NumberFormat = "0.0%"
```

o conteúdo (quando colocado números) será impresso como porcentagem com uma casa decimal.

Esta última linha de código é equivalente a

```
Columns("A:C").NumberFormat = "0.0%"
```

Para formatar linhas inteiras pode-se usar, por exemplo, para as linhas 1 e 2,

```
Range("1:2").NumberFormat = "0.00E+00"
```

Os números que estão nas células das linhas 1 e 2 terão formatação científica. Esse comando pode ser feito também da forma

```
Rows("1:2").NumberFormat = "0.00E+00%"
```

Na sub-rotina a seguir, ilustram-se diversos outros formatos de número:

```
Sub formnum()
Range("B1").NumberFormat = "General"
        'Geral, número sem formato específico
```

```
Range("B2").NumberFormat = "0.000"
                'Número com 3 casas decimais
    Range("B3").NumberFormat = "$ #,##0.00"        ' Moeda
    Range("B4").NumberFormat = "h:mm:ss AM/PM"     'Hora
    Range("B5").NumberFormat = "m/d/yyyy"          'Data
End Sub
```

A Figura 3.1 ilustra a execução da sub-rotina *formnun*. A tabela mais à direita foi produzida a partir da primeira tabela depois da execução da sub-rotina.

▲	A	B
1	0,5	0,5
2	0,5	0,5
3	0,5	0,5
4	0,5	0,5
5	42370	42370

▲	A	B
1	0,5	0,5
2	0,5	0,500
3	0,5	R$ 0,50
4	0,5	0,5
5	42370	01/01/2016

Figura 3.1: Tabelas com valores impressos antes e depois da execução de *formnum*

Para se referir a uma única coluna, por exemplo a coluna D, pode-se usar o comando *Range("D:D")*. O código

```
Range("D:D").Columns.AutoFit
```

atribuirá à coluna D o comprimento do maior entre os dados que estão nas células da coluna.

O comando *AutoFit* pode também ser usado para uma faixa definida, subconjunto de uma coluna:

```
Range("D1:D4").Columns.AutoFit
```

Analogamente, podem-se aplicar os dois códigos anteriores para linhas únicas.

3.1.6. Endereço do *Range*

A propriedade *Address* retorna o endereço absoluto de uma célula ou faixa dela. Por exemplo, a listagem

```
MsgBox Range("C7").Address() & " " & _
Range("C7:C8").Address()
```

retorna os endereços absolutos da célula C7 e da faixa C7:C8: *$C$7 $C$7:$C$8*.

Pode-se, ainda, fazer a referência absoluta à linha ou coluna da célula ou faixa de células. Então:

» *Range("C7").Address(Row)* refere-se a $C7;
» *Range("C7").Address(, Column)* refere-se a C$7;
» *Range("C7").Address(Row, Column)* refere-se a C7.

3.1.7. Seleções especiais em um *Range*

Seleção de células com fórmulas e preenchimento com a cor amarela:

```
Range("A13:A15").SpecialCells(xlCellTypeFormulas).Select
Selection.Interior.Color = vbYellow
```

Seleção de células em branco (sem valores) e preenchimento com a cor vermelha:

```
Range("A13:A15").SpecialCells(xlCellTypeBlanks).Select
Selection.Interior.Color = vbRed
```

Seleção da última célula de uma faixa e preenchimento com a cor amarela:

```
Range("A1:A5").SpecialCells(xlCellTypeLastCell).Select
Selection.Interior.Color = vbYellow
```

3.1.8. Funções de procura e referência com o objeto *Range*

3.1.8.1. Função Match

```
Range("C1") = WorksheetFunction.Match(5, Range("A1:A6"), 0)
```

O comando retorna à célula C1 a posição onde se encontra o primeiro valor numérico 5, da faixa A1:A6. Se o resultado, por exemplo, for 3, isso indica que o número está na terceira posição da faixa (célula A3).

O último argumento usado na função é o número 0 (zero). Ele indica que a procura será pelo primeiro valor que for exatamente igual ao valor procurado (5). Outras opções são:

» 1: pesquisa a posição do maior valor que for menor ou igual ao valor procurado (5). Os valores da faixa de células pesquisada devem estar posicionados em ordem crescente;

» -1: menor valor que seja maior ou igual ao valor procurado (5). Os valores da faixa de células pesquisada devem estar posicionados em ordem decrescente.

Se o valor do argumento for omitido, o interpretador do VBA considerará 1 (o *valor padrão*, ou *default* será, então, 1).

3.1.8.2. Função Find *com o objeto* Range

Faz uma procura em um *Range* por uma referência (valor numérico ou literal). A função retorna um objeto com propriedades do objeto *Range*.

Esta função possui os argumentos:

Find (What, After, LookIn, LookAt, SearchOrder, SearchDirection, MatchCase, SearchFormat).

A Tabela 3.1 mostra a funcionalidade de cada argumento.

Argumento	Significado	Aplicação e padrão
What	Número ou texto procurado. A função procura o primeiro em uma faixa de células.	
After	A pesquisa começará após esta célula. Ela deve estar na faixa de pesquisa.	Exemplo: *After:=Range("A1")* Padrão: primeira célula da faixa de pesquisa
LookIn	Procura número/texto puro ou impresso na célula por uma fórmula.	*LookIn:=xlFormulas* Padrão: *LookIn:=xlValues*
LookAt	Procura o texto/número exato ou fazendo parte do número procurado.	*LookAt:=xlWhole* Padrão: *LookAt:=xlPart*
SearchOrder	Procura coluna a coluna ou linha a linha.	*SearchOrder:=xlByColumns* Padrão: *SearchOrder:=xlByRows*
SearchDirection	Procura o primeiro ou o último.	*SearchDirection: =xlPrevious* Padrão: *SearchDirection:= xlNext*
MatchCase	Distingue maiúsculas de minúsculas (case sensitive) ou não.	*MatchCase:=True* Padrão: *MatchCase:=False*
SearchFormat	Usa um formato predefinido ou não.	*SearchFormat:=True* Padrão: *SearchFormat:=False*

Tabela 3.1: Funcionalidades dos argumentos da função *Find*

Seguem exemplos do uso da função *Find* com um objeto *Range*. A Tabela 3.2 contém os dados envolvidos nos exemplos.

	A	B	C	D	E	F
1	7	46	36			
2	cel		6	49		
3		4	7	cel		

Tabela 3.2: Tabela com valores para aplicação da função *Find*

```
Set proc = Range("A1:C3").Find(7)
Range("E1") = proc.Address
Range("F1") = "=" & proc.Address
```

A função pesquisa o número 7 na faixa A1:C3. Como o argumento *After* não foi preenchido, a procura se dará a partir da célula A1. Não considerando o valor nessa célula, a não ser que seja o único na faixa de pesquisa.

Na célula E1 será impresso o endereço absoluto do objeto pesquisado. No caso, $B$3. Na célula F1, é feita a concatenação do sinal de igualdade com o endereço encontrado. Isso produzirá a fórmula =$B$3, que fará com que o valor impresso em F1 seja, no caso do exemplo, o número procurado, 7.

proc.Address refere-se ao endereço absoluto do objeto criado *proc*. Alternativamente, *proc.Column* daria o número da coluna, na faixa de células considerada, em que se encontraria o valor pesquisado. Para a linha: *proc.Row*.

```
Set proc = Range("A1:C3").Find("cel", MatchCase:=True)
Range("E1") = proc.Address
```

Aqui procura-se o endereço do texto "*cel*". Com o argumento *MatchCase* como *True*, o endereço retornado foi $C$3. Caso fosse *False*, o retorno seria $A$2.

Seguem agora outros exemplos que o leitor poderá analisar:

```
Set proc = Range("A1:C3").Find(4, LookAt:=xlPart)
```

```
Set proc = Range("A1:C3").Find(4, LookAt:=Whole)
Set proc = _ Range("A1:C3").Find(4, LookAt:=xlPart, Sear-
chOrder:=xlByRows)
Application.FindFormat.Font.Size = 24
Set proc = Range("A1:C3").Find(6, SearchFormat:=True)
```

Na função *Find*, se a procura não encontrar o valor procurado na faixa de células de pesquisa, o sistema não criará o objeto. Então qualquer referência a esse objeto retornará um erro pelo VBE.

Por exemplo, o código a seguir retornará uma mensagem de erro, se o texto *w* não estiver na faixa A1:A8.

```
Sub errfind()
    Set proc = Range("A1:A8").Find("w")
    MsgBox proc.Row
End Sub
```

Para um melhor entendimento da execução do código, ou se a sub-rotina não precisar ser interrompida por esse erro, pode-se usar o comando *On Error*:

```
Sub errfind()
    Set proc = Range("A1:A8").Find("w")
    On Error GoTo HaErro
        Range("A20") = proc.Row
    Exit Sub
HaErro:
  MsgBox "Não encontrado"
End Sub
```

A sub-rotina executará o comando, ou comandos, que estará entre *On Error GoTo HaErro* e *Exit Sub* se não houver erros, interrompendo a sub-rotina em *Exit Sub*. O comando então pode verificar se a função *Find* retorna um resultado válido. Se a letra *w* não for encontrada na célula A1:A8, a sub-rotina retorna a mensagem "Não encontrado". Ou seja, ela continua a partir do "rótulo" *HaErro* (o nome do rótulo é escolhido pelo programador).

3.1.8.3. Função Frequency com o objeto Range

Esta função retorna dados estatísticos relativos a um número em relação a um conjunto de valores da seguinte forma: a quantidade de valores do conjunto que são menores ou iguais ao número e a quantidade de valores que são maiores.

```
Sub f_freq()
Range("A1:A9").Name = "rge"
Range("B1").Name = "rgeb"
Range("F1:F2")= _
WorksheetFunction.Frequency(Range("rge"),Range("rgeb"))
End Sub
```

Nesta sub-rotina, a função escreve na célula F1 a quantidade de valores que são menores ou iguais ao número que está na célula B1. Na célula F2 estará o valor da quantidade de números maiores que o valor de B1.

Se no lugar de *Range("F1:F2")*, na terceira linha da sub-rotina *f_freq()*, for escrito *Range("F1")*, ou seja, uma célula única, a função retornará a quantidade de valores que são menores ou iguais ao número que está na célula B1.

A função *Frequency* pode então, em um conjunto de números, calcular a quantidade de valores que são menores ou iguais a um dos seus elementos. Com esta função, e o código seguinte, calcula-se o número de elementos que estão em um subintervalo $[x_1, x_2]$. Ou seja, calculará o número de elementos que são maiores ou iguais a x_1 e menores ou iguais a x_2. Esse número é dado por $x_2 - x_1 + 1$.

```
Sub freqx()
Range("h2")= _
WorksheetFunction.Frequency(Range("a1:f1"), Range("g2"))
Range("h3")= _
WorksheetFunction.Frequency(Range("a1:f1"), Range("g3"))
Range("h4") = Range("h3") - Range("h2") + 1
End Sub
```

O código toma o vetor (faixa que representa uma fila da planilha) colocado em *A1:F1*, e dois de seus elementos colocados nas células *G2* e *G3*. Calcula os valores que são menores ou iguais a cada um e imprime em *H4* a quantidade de valores que estão entre eles (incluindo-os).

3.1.8.4. Funções VLookup e HLookup

Considere o código que estaria dentro de uma sub-rotina qualquer:

```
n = 4
c = 2
Range("E1") = _
WorksheetFunction.VLookup(n, Range("A1:C3"), c)
```

A função pesquisará e atribuirá à célula E1 o valor que está na linha do elemento *n* e que está na coluna *c* da matriz A1:C3. O número representado por *n* deve ser um valor contido na matriz A1:C3. Se o programador desejar limitar o domínio de *n* para a primeira coluna da matriz, o código passa a ser:

```
Range("E1") = _
WorksheetFunction.VLookup(n, Range("A1:C3"), c, False)
```

Analogamente:

```
n = 3
c = 2
Range("E1") = _
WorksheetFunction.HLookup(n, Range("A1:C3"), c)
```

Agora pesquisa-se e atribui-se à célula E1 o valor que está na coluna do elemento *n* e que está na linha *c* da matriz A1:C3.

3.1.8.5. Funções Large e Small

Seja a listagem de comandos:

```
Range("H1") = WorksheetFunction.Max(Range("A1:F1"))
Range("I1") = WorksheetFunction.Large(Range("A1:F1"), 1)
```

Esses dois comandos fazem a mesma coisa: atribuem às células H1 e I1 o maior valor numérico da faixa A1:F1. O número 1, do segundo argumento da função *Large*, indica que será procurado o "1º maior" valor de A1:F1. Assim, o comando

```
Range("I1") = WorksheetFunction.Large(Range("A1:F1"), 2)
```

pesquisará o 2º maior valor em *A1:F1*.

Na função *Large*, se, por exemplo, houver dois valores iguais para o segundo maior elemento, então tem-se que eles serão os 2º e 3º maiores valores de *A1:F1*.

A função *Small* é análoga para os menores valores. Assim,

```
Range("I1") = WorksheetFunction.Small(Range("A1:F1"), 2)
```

retorna para a célula I1 o segundo menor valor contido em *A1:F1*.

3.1.9. Transferência para outras planilhas

Para transferir dados de uma faixa de uma planilha para outra, em uma mesma pasta de trabalho (arquivo Excel), pode-se usar a seguinte sequência de códigos:

```
Sheets("Planilha2").Activate
Range("B1:C2").Copy
Sheets("Planilha1").Activate
Range("B1:C2").PasteSpecial
```

A segunda planilha da pasta é ativada (*Sheets("Planilha2").Activate*) para que os dados da faixa *B1:C2* sejam copiados (*Range("B1:C2").Copy*). Logo depois, a primeira planilha é ativada (*Sheets("Planilha1").Activate*) para receber os dados copiados (*Range("B1:C2").PasteSpecial*).

Esses comandos podem ser trocados pelo código:

```
Range("B1:C2") = Sheets("Planilha2").Range("B1:C2").Value
```

Os valores serão transferidos para a planilha que estiver ativa.

Para se atribuir um valor de uma célula na segunda planilha a uma variável, pode-se usar o código:

```
v_cel = Sheets("Planilha2").Range("B1").Value
Range("b1") = v_cel
```

A variável *v_cel* pode então ser usada para diversos fins. Neste exemplo, ela é atribuída à célula B1 da planilha que estiver ativa.

A propriedade *Copy* ainda pode ser usada para copiar valores de uma célula, ou faixa de células, qualquer na planilha ativa:

```
Sheets("Planilha2").Range("A1:A9").Copy Range("C1")
```

No código seguinte, transfere-se o conteúdo da faixa A1:A9 da planilha ativa para uma faixa de células da segunda planilha da pasta de trabalho, a partir de C1.

```
Range("A1:A9").Copy _
Destination:=Sheets("Planilha2").Range("C1")
```

Os nomes padrão das planilhas de uma pasta do Excel 2016 são *Planilha1*, *Planilha2* etc. Se o usuário mudar o nome da planilha, esse nome deve estar nos comandos dos códigos VBA. Por exemplo, se a segunda planilha de uma pasta de trabalho for renomeada para "*Plan_02*", o comando anterior ficará:

```
Range("A1:A9").Copy _
Destination:=Sheets("Plan_02").Range("C1")
```

Nota: nestes últimos exemplos, pode-se substituir *Sheets* por *Worksheets*.

3.1.10. A propriedade *Text*

Representa o conteúdo de uma, ou mais, célula exatamente como impresso nessa célula. Por exemplo, se na célula A1 estiver o número formatado em percentual 50,00%, o comando

```
MsgBox Range("a1").Text
```

exibirá o texto 50,00%. Já o comando

```
MsgBox Range("a1").Value
```

retornará a exibição do número 0,5.

3.1.11. O objeto *Range* com propriedade *End*

Consideremos o código:

```
ref = "A2"
Range("C2") = Range(ref).End(xlDown).Row
```

Essa listagem indicará o número da última linha que contém um valor válido (célula não vazia) na coluna que contém a célula de referência (chamada aqui de *ref*). A pesquisa é orientada para abaixo da célula de referência (constante *xlDown*).

Em geral, a propriedade é usada para faixas de células com conteúdo preenchido, de forma consecutiva, sem intervalos de células vazias. A Tabela 3.3 ilustra a aplicação dessa propriedade, com uma sequência de valores não necessariamente consecutiva.

	A	B	C	D
1	Valores	ref	Retorno do código	Comentários
2	1	"A2"	5	Indica o número da última linha que contém um valor. O retorno é o mesmo, pois há células consecutivas preenchidas.
3	22	"A3"	5	
4	333	"A4"	5	
5	404	"A5"	7	Indica a primeira linha preenchida, abaixo de A5.

6		"A6"	7	Quando a referência está vazia, o código indica a primeira linha abaixo preenchida.
7	600	"A7"	8	
8	777	"A8"	10	
9		"A9"	10	
10	1005	"A10"	1048576	O retorno indica que não há células preenchidas abaixo de A10.

Tabela 3.3: Aplicação da propriedade *End*

O número da célula C10 representa o número da última linha de uma planilha do Excel.

Se o código tiver sua segunda linha trocada por

```
Range("C2") = Range(ref).End(xlDown)
```

a retirada da propriedade *Row* levará à célula (neste caso C2) o valor da última célula preenchida na coluna A, a partir de A2 (*ref*), antes de uma eventual célula em branco (vazia).

A propriedade *End* se apresenta de forma análoga para suas outras constantes:

» *xlUp*: orienta a pesquisa para cima da célula de referência;

» *xlToLeft*: orienta a pesquisa para a esquerda da célula de referência;

» *xlToRight*: orienta a pesquisa para a direita da célula de referência.

Outros exemplos com a propriedade *End*:

```
Range("B4", Range("B4").End(xlDown)).Select
```

Refere-se à seleção de toda a faixa que começa em B4 e termina na última célula preenchida antes da primeira célula vazia nessa coluna.

```
Range(ActiveCell, ActiveCell.End(xlToRight)).Select
```

Representa o *Ctrl + Shift + < tecla de navegação à direita >*.

3.1.12. Representação de um *Range* com colchetes [ ]

Uma faixa de células representada pelo objeto *Range* pode ter sua sintaxe redefinida conforme os exemplos:

» [A6] equivale a *Range("A6")*;
» [D:D] equivale a *Range("D:D")*;
» [D1:D5] equivale a *Range("D1:D5")*.

3.1.13. A propriedade *Name*

Esta propriedade dá um nome particular a uma célula. Por exemplo:

```
Range("A2").Name = "ref"
Range("A4") = "=ref"
```

A célula A2 passa a ser representada pelo nome *ref*. O segundo comando deste último código atribuirá à célula A4 o valor que está em A2. A fórmula, colocada em A4, "=ref" equivale a "=A2".

3.2. Referência a células da planilha eletrônica com o comando *Cells*

Sintaxe do comando: *Cells(i,j)* ou *Cells.Item(i,j)*.

Significado: esse comando refere-se ao valor, numérico ou literal, que está na planilha aberta (planilha atual, que está sendo usada pelo usuário), na célula da linha *i* e coluna *j*.

Na sub-rotina a seguir mostra-se a formatação de uma célula, e de um conjunto delas, tomando-se como referência células definidas pelo comando *Cells*.

```
Sub form_cel()

Cells(1, 3).Select

Selection.Font.ColorIndex = 1
Selection.Interior.ColorIndex = 6
Selection.Borders.ColorIndex = 5
Selection.Borders.Weight = xlThin
Selection.Borders.LineStyle = xlContinuous

Range(Cells(1, 4), Cells(2, 5)).Select
With Selection
    .Font.ColorIndex = 1
    .Interior.ColorIndex = 6
End With

With Selection.Borders
    .ColorIndex = 5
    .Weight = xlThin
    .LineStyle = xlContinuous
End With

End Sub
```

Tem-se então a seguinte equivalência:

- » *Cells(1, 3).Select* equivale a *Range("A3").Select*;
- » *Range(Cells(1,4),Cells(2,5)).Select* equivale a *Range("A4:B5").Select*.

A Tabela 3.4 mostra quatro aplicações do comando *Cells* com relação à atribuição de valores em células:

`Cells(1,3) = 2`	Essa atribuição colocará o valor 2 na célula que está na linha 1 e coluna 3 (célula C3).
`Var = Cells(4,4)`	Essa atribuição fará com que a variável *Var* assuma o valor que está na linha 4 e coluna 4 (célula D4).

`Cells.Item(5,3) = 9`
`Cells.Item(5,"C") = 9`
`Cells(5,"C")=9`
	Atribuição do valor numérico 9 à célula C5 (três maneiras distintas).

Tabela 3.4: Exemplos para o comando *Cells*

A seguir são mostradas sub-rotinas que trocam posições de valores entre células de uma planilha.

No primeiro código trocam-se as posições dos elementos que estão nas células A1 e A2. Ele ilustra também a forma simples de atribuição de um valor a uma célula com o comando *Cells*.

```
Sub troc_celula()
    a = Cells.Item(1, "A")
    b = Cells.Item(2, "A")
        ' As variáveis a e b recebem valores que estão
        'nas células A1 e A2, respectivamente
    Cells.Item(1, "A") = b
    Cells.Item(2, "A") = a
        ' Comandos que reescrevem valores de A1 e A2
End Sub
```

O código anterior poderia ser simplificado com a nova listagem:

```
Sub troc_celula()
    aux = Cells(1,1)
    Cells(1,1) = cells(2,1)
    cells(2,1) = aux
End Sub
```

O valor que está em *cells(1,1)* (célula A1) é "guardado" em *aux*. Quando se faz a igualdade *Cells(1,1) = cells(2,1)*, a célula A1 passa a ter o valor que está em A2. Nesse momento, as células A1 e A2 teriam o mesmo valor. Na linha de código *Cells(2,1) = aux*, a célula A2 "recebe" o valor que estava em A1 (que tinha sido "armazenado" em *aux*).

A lógica de programação que foi usada na última sub-rotina pode ser usada para permutação de linhas em uma matriz.

Consideremos que se tem uma matriz na faixa de células A1:B2, uma matriz com duas linhas e duas colunas, e que se queira trocar as posições das linhas 1 e 2. O código a seguir faz essa troca:

```
Sub troc_celula()

aux1 = Cells(1, 1)
aux2 = Cells(1, 2)


Cells(1, 1) = Cells(2,1)
Cells(1, 2) = Cells(2,2)


Cells(2, 1) = aux1
Cells(2, 2) = aux2


End Sub
```

Percebe-se que, com essa lógica, seria complicado permutar posições de linhas de matrizes com números de linhas e colunas maiores que 2. O código a seguir usa outros comandos VBA para aumentar o alcance do código de permutação de linhas de uma matriz.

```
Sub troc_celula()

Range(Cells(1, 1), Cells(1, 3)).Copy
Range(Cells(4, 1), Cells(4, 3)).PasteSpecial
```

```
Range(Cells(2, 1), Cells(2, 3)).Copy
Range(Cells(1, 1), Cells(1, 3)).PasteSpecial


Range(Cells(4, 1), Cells(4, 3)).Cut
ActiveSheet.Range(Cells(2, 1), Cells(2, 3)).Select
ActiveSheet.Paste


End Sub
```

O par de comandos iniciais (logo após o texto *Sub troc_lin()*) copia a linha 1 em uma linha imediatamente abaixo da última linha da matriz (linha 4). Os próximos dois comandos transferem os elementos da linha 2 para a linha 1. Nos últimos comandos, a linha 4, que tem os elementos da linha 1 original, é retirada ("cortada" com o método *Cut*) e transferida para a linha 2 (sobrepondo os valores atuais). O método *Cut* não aceita o método *PasteSpecial*, por isso foi usado o objeto *ActiveSheet*.

Para uma matriz com um número de linhas quaisquer *n*, a sub-rotina para troca das posições das linhas 1 e 2 pode ser escrita da seguinte forma:

```
Sub troc_celula()


L_1 = 1     'Linha 1
L_2 = 2     'Linha 2
n = 4       'número de linhas
Range(Cells(L_1,1), Cells(L_1,n)).Copy
Range(Cells(n + 1,1), Cells(n + 1,n)).PasteSpecial


Range(Cells(L_2,1), Cells(L_2,n)).Copy
Range(Cells(L_1,1), Cells(L_1,n)).PasteSpecial


Range(Cells(n + 1,1), Cells(n + 1,n)).Cut
ActiveSheet.Range(Cells(L_2,1), Cells(L_2,n)).Select
```

```
ActiveSheet.Paste
End Sub
```

Pode-se, ainda, escrever o código de permutação de linhas de uma matriz inserindo-se métodos relativos a linhas de uma faixa de valores de uma planilha (*Rows*).

```
Sub troc_celula()
L_1 = 1 'Linha 1
L_2 = 2 'Linha 2
n = 4 'número de linhas

Range(Cells(1, 1), Cells(n, n)).Name = "dad"

Range("dad").Rows(L_1).Copy
Range(Cells(n + 1, 1), Cells(n + 1, n)).PasteSpecial

Range("dad").Rows(L_2).Copy
Range("dad").Rows(L_1).PasteSpecial

Range(Cells(n + 1, 1), Cells(n + 1, n)).Cut
ActiveSheet.Range("dad").Rows(L_2).Select
ActiveSheet.Paste
End Sub
```

O método *Cut* pode, ainda, trazer o endereço para o qual a linha da matriz se moverá como um argumento. Ou seja, os comandos finais do código

```
Range(Cells(n + 1, 1), Cells(n + 1, n)).Cut
ActiveSheet.Range("dad").Rows(L_2).Select
ActiveSheet.Paste
```

podem ser substituídos por

```
Range(Cells(n + 1, 1), Cells(n + 1, n)). _
Cut (ActiveSheet.Range("dad").Rows(L _ 2))
```

Lembrando-se de que o subscrito "_" indica que a instrução continua na linha seguinte.

Qualquer que seja o modo de processar a permutação das posições das linhas de uma matriz, no código há a necessidade de transferência de linha para uma nova, logo abaixo da matriz que está sendo estudada. Esse problema é minimizado com a *indexação de variáveis* (as *matrizes*) e o *estudo de estruturas de controle e repetição* que serão ilustrados adiante.

3.3. Elementos do VBA usados no capítulo

Preenchimento da célula K1 e a faixa N1:P1 com o número 1:

```
Range("K1, N1:P1").Value = 1
```

Preenchimento de K1:P1 com o número 1:

```
Range("K1", "N1:P1").Value = 1
```

Conteúdo e formatação da célula K1 e faixa N1:P1 apagados:

```
Range("K1, N1:P1").Clear
```

Seleção de todas as células em uso da planilha ativa:

```
ActiveSheet.UsedRange.Select
```

Seleção das células da vizinhança retangular de B4:

```
Range("b4").CurrentRegion.Select
```

Referências a células integrantes de uma faixa:

```
Range("A2:C4").Cells(1, 2)
Range("A1:C3").Rows(3).Select
```

Média aritmética dos elementos da linha 3 da seleção B1:D3:

```
Result = _
WorksheetFunction.Average(Range("B1:D3").Rows(3))
```

Atribuição do valor 1 à faixa limitada por A1 e a célula ativa:

```
Range("A1", ActiveCell).Value = 1
```

Atribuição do valor 1 à faixa limitada pela célula ativa e A1:

```
Range(ActiveCell, "A1").Value = 1
```

Inserção da fórmula "=2*A1" na célula D2:

```
faixa = "A1"
Range(faixa).Offset(1, 3).Formula = "=2*A1"
```

Referência à célula A1 a partir de C2 e à própria célula B1:

```
Range("C2").Offset(-1, -2)
Range("B1").Offset(0, 0)
```

Preenchimento da faixa A5:A7:

```
Range("A5").Resize(3, 1).Interior.ColorIndex = 15
```

Formatando as colunas A, B e C como número percentual com uma casa decimal:

```
Range("A:C").NumberFormat = "0.0%"
Columns("A:C").NumberFormat = "0.0%"
```

Formatando as linhas 1 e 2 no formato científico com duas casas decimais:

```
Range("1:2").NumberFormat = "0.00E+00"
Rows("1:2").NumberFormat = "0.00E+00%"
```

Formatando as células B1 a B5 com outros formatos numéricos: forma geral, com três casas decimais, hora e data:

```
Range("B1").NumberFormat = "General"
Range("B2").NumberFormat = "0.000"
Range("B3").NumberFormat = "$ #,##0.00"
```

```
Range("B4").NumberFormat = "h:mm:ss AM/PM"
Range("B5").NumberFormat = "m/d/yyyy"
```

Retorna os endereços absolutos da célula C7 e da faixa C7:C8: *$C$7 $C$7:$C$8*:

```
MsgBox Range("C7").Address() & " " & _
Range("C7:C8").Address()
```

Autoajuste de colunas:

```
Range("D1:D4").Columns.AutoFit
```

Seleção de células com fórmulas e preenchimento com a cor amarela:

```
Range("A13:A15").SpecialCells(xlCellTypeFormulas) _
.Select
Selection.Interior.Color = vbYellow
```

Seleção de células em branco (sem valores) e preenchimento com a cor vermelha:

```
Range("A13:A15").SpecialCells(xlCellTypeBlanks) _
.Select
Selection.Interior.Color = vbRed
```

Preenchimento da última célula da seleção com a cor amarela:

```
Range("A1:A5").SpecialCells(xlCellTypeLastCell) _
.Select
Selection.Interior.Color = vbYellow
```

Posição onde se encontra o primeiro valor numérico 5 da faixa A1:A6:

```
Range("C1") = _
WorksheetFunction.Match(5, Range("A1:A6"), 0)
```

Associa-se ao objeto *proc* a primeira célula de A1:C3 que contém o número 7:

```
Set proc = Range("A1:C3").Find(7)
```

Em E1, será colocado o endereço absoluto de *proc*. Em F1, a concatenação do sinal de igualdade com o endereço encontrado:

```
Range("E1") = proc.Address
Range("F1") = "=" & proc.Address
```

É associado à *proc* o endereço que contém o texto "*cel*", diferenciando-se letras maiúsculas de minúsculas:

```
Set proc = _
Range("A1:C3").Find("cel", MatchCase:=True)
Range("E1") = proc.Address
```

Procura pelo número 4 como integrante de uma sequência de caracteres (*xlPart*) e sozinho na célula (*Whole*):

```
Set proc = Range("A1:C3").Find(4, LookAt:=xlPart)
Set proc = Range("A1:C3").Find(4, LookAt:=Whole)
```

Procura o número 4 coluna a coluna em A1:C3:

```
Set proc = Range("A1:C3") _
.Find(4, LookAt:=xlPart, SearchOrder:=xlByRows)
```

Procura o número 6 formatado conforme objeto *Application*:

```
Application.FindFormat.Font.Size = 24
Set proc = _
Range("A1:C3").Find(6, SearchFormat:=True)
```

O comando *On Error GoTo* imprimirá uma mensagem de erro caso a função *Find* não retorne um valor válido:

```
Set proc = Range("A1:A8").Find("w")
    On Error GoTo HaErro
        Range("A20") = proc.Row
    Exit Sub
HaErro:
 MsgBox "Erro: Não encontrado"
```

Em F1 será colocada a quantidade de valores de A1:A9 menores ou iguais ao valor em B1; em F2, a quantidade de valores maiores:

```
Range("A1:A9").Name = "rge"
Range("B1").Name = "rgeb"
Range("F1:F2") = WorksheetFunction _
.Frequency(Range("rge"), Range("rgeb"))
```

Em H4, a quantidade de valores maiores ou iguais que o valor de H2 e menores ou iguais ao valor de H3:

```
Range("h2")=WorksheetFunction _
.Frequency(Range("a1:f1"), Range("g2"))
Range("h3") = WorksheetFunction _
.Frequency(Range("a1:f1"), Range("g3"))
Range("h4") = Range("h3") - Range("h2") + 1
```

Em E1, o valor que está na linha do elemento *n* e que está na coluna *c* da matriz A1:C3:

```
Range("E1") = _
WorksheetFunction.VLookup(n, Range("A1:C3"), c)
```

Em E1, o valor que está na coluna do elemento *n* e que está na linha *c* da matriz A1:C3:

```
Range("E1") = _
WorksheetFunction.HLookup(n, Range("A1:C3"), c)
```

Comandos para escrever o maior valor de A1:F1:

```
Range("H1") = WorksheetFunction.Max(Range("A1:F1"))
Range("I1") = _
WorksheetFunction.Large(Range("A1:F1"), 1)
```

Escreve-se o segundo maior valor de A1:F1:

```
Range("I1") = _
WorksheetFunction.Large(Range("A1:F1"), 2)
```

Escreve-se o segundo menor valor de A1:F1:

```
Range("I1") = _
WorksheetFunction.Small(Range("A1:F1"), 2)
```

Copia-se o conteúdo de B1:C2 da planilha 2 e cola-se na planilha 1:

```
Sheets("Planilha2").Activate
Range("B1:C2").Copy
Sheets("Planilha1").Activate
Range("B1:C2").PasteSpecial
```

Copia-se o conteúdo de B1:C2 da planilha 2 e cola-se na planilha ativa:

```
Range("B1:C2") = _
Sheets("Planilha2").Range("B1:C2").Value
```

Variável *v_cel* recebe valor de B1 da planilha 2 e o imprime em B1 da planilha ativa:

```
v _ cel = Sheets("Planilha2").Range("B1").Value
Range("b1") = v _ cel
```

Copiam-se valores de A1:A9 da planilha 2 e imprimem-se na planilha ativa a partir de C1:

```
Sheets("Planilha2").Range("A1:A9").Copy Range("C1")
```

Copiam-se valores de A1:A9 da planilha ativa e imprimem-se na planilha 2 a partir de C1:

```
Range("A1:A9").Copy _
Destination:=Sheets("Planilha2").Range("C1")
```

Imprime o conteúdo de A1 exatamente como na célula:

```
MsgBox Range("a1").Text
```

Imprime em C2 o número da última linha que contém um valor válido:

```
ref = "A2"
Range("C2") = Range(ref).End(xlDown).Row
```

Imprime em C2 o valor da última linha que contém um valor válido:

```
Range("C2") = Range(ref).End(xlDown)
```

Seleção da faixa começando em B4 e terminando na última célula preenchida da coluna:

```
Range("B4", Range("B4").End(xlDown)).Select
```

Representa o *Ctrl + Shift + < tecla de navegação à direita >* a:

```
Range(ActiveCell, ActiveCell.End(xlToRight)).Select
```

Atribuição de um nome alternativo à célula:

```
Range("A2").Name = "ref"
```

Atribuição de formatos a uma célula definida com a função *Cells*:

```
Cells(1, 3).Select
Selection.Font.ColorIndex = 1
Selection.Interior.ColorIndex = 6
Selection.Borders.ColorIndex = 5
Selection.Borders.Weight = xlThin
Selection.Borders.LineStyle = xlContinuous
```

Atribuição de formatos a uma faixa de células definida com a função *Cells*:

```
Range(Cells(1, 4), Cells(2, 5)).Select
With Selection
    .Font.ColorIndex = 1
    .Interior.ColorIndex = 6
End With
With Selection.Borders
    .ColorIndex = 5
    .Weight = xlThin
    .LineStyle = xlContinuous
End With
```

Atribuição de valores às variáveis *a* e *b* com a função *Cells.Item*:

```
a = Cells.Item(1, "A")
```

```
b = Cells.Item(2, "A")
```

Atribuição de valores às células A1 e A2 com a função *Cells.Item*:

```
Cells.Item(1, "A") = b
Cells.Item(2, "A") = a
```

Atribuição direta de propriedades a uma faixa de células definida com a função *Cells*:

```
Range(Cells(1, 1), Cells(1, 3)).Copy
Range(Cells(4, 1), Cells(4, 3)).PasteSpecial
```

Evento "Recortar – Colar" de uma faixa de células definida com a função *Cells*:

```
Range(Cells(4, 1), Cells(4, 3)).Cut
ActiveSheet.Range(Cells(2,1), _
Cells(2, 3)).Select
ActiveSheet.Paste
```

Evento "Recortar – Colar" de uma faixa de células diretamente com o comando *Cut*:

```
Range(Cells(n + 1, 1), Cells(n + 1, n)). _
Cut (ActiveSheet.Range("dad").Rows(L _ 2))
```

Variáveis, constantes, sub-rotinas e funções

CAPÍTULO 4

Este capítulo analisa elementos básicos da programação em VBA: variáveis, constantes e a sintaxe das sub-rotinas e funções.

- Variáveis e constantes
- Sub-rotinas (ou subprogramas) e funções no VBA Excel

4.1. Variáveis e constantes

Uma variável representa um espaço de memória reservado para um valor (número, texto etc.) quando uma macro (procedimento *Sub* ou *Function*) está sendo usada. O código que dá uma "identidade", um nome particular, à variável costuma ser escrito da seguinte forma:

```
Dim var As Single
```

A variável de nome *var* é "declarada" como sendo do **tipo** "*Single*", ou seja, um número real de precisão simples (Tabela 4.1).

As variáveis não declaradas são interpretadas pelo VBA como do tipo *Variant*. Essas variáveis podem assumir diversos tipos durante seu uso na macro. Um exemplo simples está colocado a seguir:

```
v = 3
Range("A6") = v
v = "Variant"
Range("C6") = v
```

As células A6 e C6 receberão, respectivamente, o número 3 e o texto "Variant". Em uma macro mais complexa, com mais variáveis, isso pode "encher" a memória (essa variável terá 16 bytes mais um byte por caractere, se for um texto) e afetar a velocidade de execução das macros.

Se for incluída nesse trecho de código a declaração *Dim v As Single*, o interpretador do VBA retornará uma mensagem de erro, por causa do comando de atribuição *v* = "*Variant*". Embora deixe o código com um número maior de linhas, com a declaração de variáveis pode-se ter mais velocidade na execução das macros, além de a detecção de erros e/ou bugs (mau funcionamento do código) ser feita com mais facilidade.

O código da sub-rotina *exVar* é apresentado de duas maneiras: com uma variável do tipo *string* (texto), e uma segunda variável, em uma listagem na qual é declarada e em outra na qual não é:

```
Sub exVar()                        Sub exVar()
Dim var_txt As string              Dim var_txt As String
```

VARIÁVEIS, CONSTANTES, SUB-ROTINAS E FUNÇÕES

```
var _ txt = "Variável texto"
s = 10
MsgBoxlen(var _ txt) _
& " " & len(s)
End Sub
```

```
Dim s As Single
var _ txt = "Variável texto"
s = 10
MsgBoxlen(var _ txt) _
& " " & len(s)
End Sub
```

A variável *var_txt* tem o seu valor *"Variável texto"* "guardado" em um espaço de memória denominado *var_txt*, enquanto que a variável *s* tem como valor o número 10. Na execução da *Sub* do texto mais à esquerda, sem a declaração da variável *s*, o retorno será o texto 14 2. Se *s* for declarada como *single*, como na *Sub* do texto mais à direita, o retorno é 14 4. A função *Len(< variável >)* mostra o número de caracteres do valor colocado em seu argumento < variável >. Mas se < variável > for um número, a função retorna o tamanho, em bytes, alocados para ela. No caso, um número terá um tamanho de 4 bytes.

A declaração de variáveis pode ser feita em qualquer linha do código, antes do primeiro uso da variável declarada.

Os valores das variáveis podem mudar durante o trabalho, ao contrário das constantes (como será visto adiante).

O **tipo** da variável diz respeito ao valor que poderá tomar e o seu tamanho em bytes. A Tabela 4.1 mostra os diversos tipos de variáveis:

Variável	Bytes	Armazenamento
Boolean	2	Valores Booleanos: verdadeiro (*True*) ou falso (*False*)
Byte	1	Números sem sinal entre 0 e 255
Currency	8	Moedas
Date	8	Datas
Double	8	Número real x de dupla precisão: $4,94065645841247 \times 10^{-324} \leq |x| \leq 1,79769313486232 \times 10^{308}$
Single	4	Número real x de precisão simples: $1,401298 \cdot 10^{-45} \leq |x| \leq 3,402823 \cdot 10^{38}$

Integer	2	Números inteiros entre -32.768 e 32.767
Long	4	Números inteiros entre -2.147.483.648 e 2.147.483.647
Object	4	Refere-se a um objeto do Excel
String	1	Conjuntos de caracteres (máximo de 255)
Variant	16	Tipo variável. Depende do uso em um programa
User-Defined		Armazena valores de tipos diferentes criados pelo programador

Tabela 4.1: Tipos de variáveis

Regras para atribuição de um nome a uma variável

» Texto de no máximo 255 caracteres;

» Caracteres não permitidos: +, -, *, /, >, <, <>, >=, =<, = =;

» Caracteres não permitidos no meio do nome: @, $, &, #;

» Sem espaços entre os caracteres;

» Sem números no início do nome.

Exemplos de nomes de variáveis

Nomes válidos: *TempIni*, *nota1*, *var_texto*.

Nomes inválidos: *1Temp* (iniciou com um número), *dado nome* (contém espaços), *My!num* (caractere "!" não válido).

Recomenda-se que as palavras que já nomeiam elementos do VBA, as chamadas "palavras reservadas", como *Dim*, *Range* etc., não sejam usadas como nome de novas variáveis, para evitar eventuais conflitos. Pode-se verificar se o nome escolhido para uma variável já existe como elemento do Excel/VBA: no início da criação da variável, aciona-se *Ctrl + barra de espaço*. Por exemplo, na Figura 4.1, na criação de uma variável iniciada com a letra *d*, ao ser acionado *Ctrl + barra de espaço*, surge uma listagem com elementos do VBA que começam com essa letra. O usuário pode então criar sua variável sem o risco de repetir nomes de palavras reservadas do VBA.

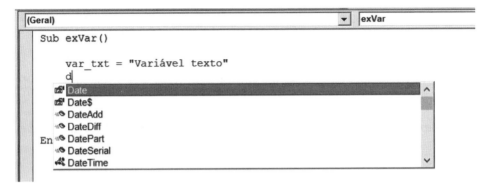

Figura 4.1: Exemplo do funcionamento do comando *Ctrl + Barra de espaço*

4.1.1. Classificação das variáveis

As variáveis são classificadas como implícitas e explícitas. Nas **variáveis implícitas**, o interpretador identifica o tipo de variável de acordo com o exposto na Tabela 4.2.

Caractere final	Tipo
%	Integer
&	Long
@	Currency
!	Single
#	Double

Tabela 4.2: Caracteres para declaração implícita

Os códigos da sub-rotina *exVar* terão o mesmo efeito, se escritos da seguinte forma:

```
Sub exVar()                          Sub exVar()
var_txt$ = _                         var_txt$ = _
"Variável texto"                     "Variável texto"
s = 10                               s! = 10
MsgBoxlen(var_txt) _                 MsgBoxlen(var_txt) _
```

```
        & " " &len(s)                          & " " &len(s)
        End Sub                                End Sub
```

Quando a variável **s** é escrita com " ! " no final, ela é considerada do tipo *Single*.

As **variáveis explícitas** são declaradas antes de usadas. A forma geral é:

```
        Dim <variável> As <tipo>
```

Em que *<tipo>*: tipos da Tabela 4.1.

Se *<tipo>* não for informado, o interpretador considera *variant*.

A declaração de várias variáveis de um mesmo tipo pode ser feita em uma mesma linha:

```
        Dim <variável 1> As <tipo>, <variável 2 > As <tipo>
```

O usuário programador pode fazer um código em que as variáveis devem ser obrigatoriamente declaradas. Para isso, escreve-se *Option explicit* no início do módulo no qual se está trabalhando uma única vez (ela então valerá para todos os procedimentos do módulo). Isso possibilita que o VBA informe, por exemplo, quando a variável não foi declarada (ou colocada com grafia errada) antes da execução da macro.

Para o comando *Option explicit* ficar padrão em um projeto, em todos os módulos, procede-se do seguinte modo: no menu Ferramentas -> Opções -> marca-se "Requerer declaração de variáveis". Se isso for feito antes de qualquer módulo ter sido inserido, todos eles já aparecerão com o comando *Option explicit*. Se algum módulo já tiver sido inserido, o comando surgirá em novos módulos.

Variável "estática": uma variável estática não perde seu valor após a execução do procedimento. O código a seguir ilustra isso:

```
        Sub exVStaic()                         Sub exVStaic ()
        Dim n As Integer                       Static n As Integer
        n = n + 1                              n = n + 1
        MsgBox n                               MsgBox n
        End Sub                                End Sub
```

Se o procedimento mais à esquerda for acionado mais de uma vez, o retorno será sempre o número 1. O procedimento considera *n*, inicialmente, como sendo 0 (zero) e faz a soma com 1, de acordo com a expressão *n* = *n* + *1*. No procedimento com a declaração *Static*, a cada novo acionamento da *Sub*, retorna-se o valor anterior de *n*, somado a 1. Imprime-se então a cada execução: 1, 2, 3 etc.

4.1.2. Escopo das variáveis

Pode-se determinar onde as variáveis podem ser usadas em um projeto:

» Apenas no procedimento *Sub* ou *Function*: usa-se *Dim* ou *Static* dentro do procedimento.

» Usar em todo o módulo atual: declara-se a variável antes de todos os procedimentos.

Exemplo: se a declaração *Dim n As integer* for colocada no início do módulo 1, todos os procedimentos desse módulo considerarão a variável *n* com um número inteiro. Nesse caso, pode-se também usar a declaração *Private*: *Private n As integer*.

» Usar em todos os módulos do projeto: usa-se a declaração *Public* antes de todos os procedimentos, em qualquer um dos módulos.

Exemplo: se no início do módulo 1 for escrita a declaração *Public n As integer*, todos os procedimentos, de quaisquer módulos inseridos, considerarão a variável *n* como um número inteiro.

As declarações *Public* e *Private*, em lugar de *Dim* para variáveis, não serão aceitas se colocadas em um procedimento *Sub* ou *Function*.

4.1.3. Tipos especiais de variáveis

Variáveis do tipo objeto: referem-se a um objeto criado pelo programador. Considera-se que esse tipo de variável facilita a codificação e melhora a performance do procedimento.

É declarada da forma:

```
Dim < Variável _ Objeto > As Object
```

< *Variável_Objeto* > representa o nome dado ao novo objeto.

Sua atribuição é feita de modo particular, como segue:

```
Set <Variável _ Objeto> = < Objeto criado >
```

Em que: *Set* é uma palavra-chave que indica que < *Variável_Objeto* > está associado ao objeto criado.

No exemplo a seguir cria-se a variável *Ctl* como um objeto do tipo *Range*. Essa variável passa a ter todos os métodos e propriedades do objeto.

```
Sub cObj()
Dim Ctl As Object
Set Ctl = Range("b3:c4")
With Ctl
  .Font.Underline = True
  .Font.Color = 3
  .Font.Bold = True
End With

End Sub
```

Tipo de variável definido pelo usuário (user – defined)

Um tipo de variável pode ser criado pelo usuário, normalmente para agregar outros vários tipos a uma variável. Ele deve ser escrito no início do módulo e valerá para todos os procedimentos de todos os módulos. Esse novo tipo é considerado uma "*estrutura de dados*".

O exemplo a seguir ilustra a criação de um tipo definido pelo usuário.

```
Type DPessoal
    Nome As String
    Idade As Integer
End Type
```

Esse tipo, então, pode ser um texto, identificado pelo dado *Nome*, ou um número inteiro representado pelo dado *Idade*.

A sub-rotina *caractfunc* ilustra o uso do tipo criado anteriormente.

```
Sub caractfunc()
Dim Funcionario1 As DPessoal
Funcionario1.Nome = "Sassenfeld"
Funcionario1.Idade = 45
Range("a6") = "Funcionário " & Funcionario1.Nome & _
" tem " & Funcionario1.Idade & " anos"
End Sub
```

A sub-rotina atribui valores à variável *Funcionario1* que é do tipo *DPessoal*. O caractere "&" é usado para concatenar (juntar) textos com diferentes propriedades. A partir da célula A6, é impresso: *Funcionário Sassenfeld tem 45 anos*.

A atribuição de valores à variável *Funcionario1* também pode ser feita com a estrutura *With – End With*:

```
With Funcionario1
      .Nome = "Sassenfeld"
      .Idade = 45
   End With
```

Módulo de classe: o VBA possibilita ao usuário a criação de *objetos* próprios. Eles são também chamados de *Classes* ou *Módulos de Classes*. Para inserir um módulo de classe deve-se, no editor do VBA, acionar a sequência na sua barra de tarefas: *Inserir -> Módulo de classe*. O código seguinte, escrito na área aberta após a criação do módulo de classe, define o *módulo de classe DPessoal*, que é equivalente ao *tipo de variável DPessoal*:

```
Private Nome_f As String
Private Idade_f As Integer
```

```
Public Property Get Nome() As String
    Nome = Nome_f
End Property
Public Property Let Nome(n As String)
    Nome_f = n
End Property

Public Property Get Idade() As Integer
    Idade = Idade_f
End Property
Public Property Let Idade(id As Integer)
    Idade_f = id
    End Property
```

O que representa cada trecho da listagem anterior é colocado adiante.

```
Private Nome_f As String
Private Idade_f As Integer
```

As variáveis do objeto são declaradas. *Nome_f* e *Idade_f* representam uma variável do tipo texto e do tipo inteiro (um número do tipo inteiro), respectivamente.

```
Public Property Get Nome() As String
    Nome = Nome_f
End Property
Public Property Let Nome(n As String)
    Nome_f = n
End Property
```

Definição da primeira propriedade: *Nome*. O procedimento *Property Get* é colocado para permitir que a propriedade possa ser lida e recuperada (para que seja usada em qualquer momento do projeto). O procedimento *Property Let* é usado para permitir que a propriedade receba um valor. A propriedade *Idade* é definida analogamente.

A sub-rotina *caractfunc*, criada para o tipo de variável *DPessoal*, seria modificada, conforme próximo código, no caso do uso com o módulo de classe:

```
Sub caractfunc()
    Set fun = New DPessoal
    fun.Nome = "Sassenfeld"
    fun.Idade = 45
    MsgBox fun.Nome & vbNewLine & fun.Idade
    Set fun = Nothing
End Sub
```

No comando *Set fun = New DPessoal*, associa-se a variável *fun* ao objeto criado *DPessoal*. Ela passa a ter as propriedades desse objeto.

As atribuições *fun.Nome = "Sassenfeld"* e *fun.Idade = 45* definem os valores das propriedades nessa sub-rotina.

Embora não seja necessário, costuma-se encerrar os módulos de classe. No código, isso é feito com o comando *Set fun = Nothing*. O objeto pode produzir "lixos de memória", que podem prejudicar as execuções das macros, por isso recomenda-se o "fechamento" do objeto após o uso da macro.

A propriedade *Let* pode ser omitida se a propriedade possuir um valor constante. Por exemplo, se no código que define o objeto *DPessoal* forem excluídos

```
Private Nome_f As String
```

e

```
Public Property Let Nome(n As String)
    Nome_f = n
End Property
```

e, ainda, se o código da propriedade *Get Nome* for substituído por

```
Public Property Get Nome() As String
    Nome = "Sassenfeld"
```

```
End Property
```

a propriedade *Nome* terá um valor constante.

A sub-rotina *caractfunc* poderá também ser modificada. Em sua listagem, retira-se a linha de comando *fun.Nome = "Sassenfeld"*, mas seu retorno continua sendo o mesmo.

Suponhamos, por exemplo, em um sistema previdenciário hipotético, que a aposentadoria compulsória ocorra aos 70 anos. Será incluída na classe *DPessoal* uma propriedade que indica o tempo para a aposentadoria compulsória. Essa propriedade *Get* terá o código:

```
Public Property Get Tcomp() As Integer
    Tcomp = 70 - Idade
End Property
```

Na sub-rotina *caractfunc* pode-se incluir a impressão do tempo de aposentadoria na função *MsgBox*:

```
MsgBox fun.Nome & vbNewLine & fun.Idade & Chr(13) & _
fun.Tcomp
```

O exemplo ilustra uma diferença de alcance das variáveis criadas pelo usuário *Type* e os módulos de classe. No caso das *Classes*, pode-se, ainda, inserir, por exemplo, funções e/ou sub-rotinas.

Inserindo-se, no código que define a classe *DPessoal*, a seguinte listagem da função denominada *Mensagem*:

```
Public Function Mensagem()
MsgBox(Nome & Chr(13) & Idade & Chr(13) & Tcomp)
End Function
```

a função da classe imprimirá, com a função *MsgBox*, as propriedades do objeto. O retorno da sub-rotina *caractfunc* com seu código modificado para

```
Sub caractfunc()
    Set fun = New DPessoal
```

```
        fun.Nome = "Sassenfeld"
        fun.Idade = 45
        fun.Mensagem
        Set fun = Nothing
End Sub
```

será a impressão das propriedades *Nome*, *Idade* e *Tcomp*.

Coleções: uma coleção pode ser considerada um objeto que gerencia e agrupa um conjunto de objetos com características similares, por exemplo, as propriedades. As coleções representam objetos que podem ser "enumerados". Por exemplo, o objeto *Workbooks*.

Considerando-se o código

```
MsgBox Workbooks(1).Path & Chr(13) & Workbooks(1).Name
```

e considerando-se, ainda, seu retorno como sendo

Figura 4.2: Retorno do código com a coleção *Workbooks*

então os comandos *Workbooks(1).Path* e *Workbooks(1).Name* representam, respectivamente, o local e o nome da pasta *Pasta01.xlsm*. O índice (1) refere-se à primeira pasta que foi aberta (ativada). A quantidade de pastas que estão abertas pode ser dada pelo comando *Workbooks.Count*.

Na listagem seguinte

```
MsgBox Workbooks(1).Name & Chr(13) & Workbooks(2).Name
```

retornam-se os nomes das duas primeiras planilhas que foram abertas. Se não houver uma segunda pasta aberta, o VBA retornará uma mensagem de erro. Uma nova pasta de trabalho pode ser iniciada com o comando *Workbooks.Add*.

Um objeto equivalente ao *Workbooks* é o *RecentFiles*. No entanto, este último refere-se a arquivos que não estão abertos e funcionam com o objeto *Application*. Com o próximo código, são impressos em uma caixa de diálogo os locais e nomes das duas últimas pastas que foram abertas.

```
MsgBox Application.RecentFiles(1).Name & Chr(13) & _
Application.RecentFiles(2).Name
```

Outra coleção importante é a *Sheets* (ou *Worksheets*). Ela gerencia as planilhas de uma pasta. A aplicação desse objeto já foi mostrada. Por exemplo, mostrou-se que se pode copiar, para a planilha ativa, dados de um conjunto de células de outra planilha com o código

```
Sheets("Planilha2").Range("A1:A9").Copy Range("C1")
```

Pode-se, alternativamente, referir-se à segunda planilha da pasta de trabalho da forma seguinte:

```
Sheets(2).Range("A1:A9").Copy Range("C1")
```

4.1.4. Constantes

Enquanto as variáveis podem ter seus valores alterados em algum momento da execução do procedimento, as constantes mantêm seus valores.

No código

```
Const numvalor As Single = 10
Dim v as single
    v = Range("A1").Value
    nova_v = v*numvalor
    Range("A3").Value = nova_v
```

a variável *v* terá seu valor definido na célula A1. Ele é colocado via teclado. O valor de *numvalor* é igual a 10 (é do tipo *Const*) e se mantém durante todo o processo. No código, a célula A3 receberá o valor que está em A1, multiplicado por 10 (valor da constante *numvalor*).

O escopo das constantes segue as regras do escopo de variáveis.

O VBA pode se referir à constante matemática π (número *pi*, **constante de Arquimedes** ou **número de Ludolph**) e o número **e** (**a constante de Napier**), base do **logaritmo natural**, das formas seguintes:

```
Range("A1") = WorksheetFunction.Pi
```

Aqui como uma função do objeto *WorksheetFunction*. Ou, simplesmente:

```
Range("A1") = [Pi()]
```

Em ambos os códigos, a constante será impressa na célula A1.

O código a seguir imprime a constante *e*:

```
Range("A1") = Exp(1)
```

4.2. Sub-rotinas (ou subprogramas) e funções no VBA Excel

As sub-rotinas (ou procedimentos) *Sub* já foram ilustradas. Foi mostrado que, mesmo quando a macro é produzida diretamente da planilha (fora do editor do VBA), cria-se um código em forma de procedimento. Esse código pode ser editado e, consequentemente, alterado. Também se viu que a macro pode ser construída diretamente do editor, escrevendo-se os códigos via teclado. Isso representa a programação em VBA Excel, cujos elementos serão mostrados neste e no próximo capítulo.

4.2.1. Sintaxe de sub-rotinas e funções no VBA Excel

Já se sabe que a sintaxe é a forma correta como os comandos devem ser escritos. São as regras que devem ser usadas para que as sub-rotinas (procedimentos *Sub* ou subprogramas *Sub*) e as funções funcionem corretamente.

Embora já mostrada, mas com a preocupação de melhorar a organização do capítulo em relação à busca e referências dos tópicos estudados, a sintaxe de uma sub-rotina (a forma mais simples) é dada a seguir:

```
<escopo da macro> Sub <nome>()
    <comandos>
End Sub
```

No lugar de *<nome>*, deve-se escrever o nome da sub-rotina (escolha do programador). Em *<escopo da macro>*, escolhe-se se a macro será *pública* (*public*) ou *privada* (*private*). A diferença entre essas declarações segue o que já foi mostrado para as variáveis. Se não for feita a escolha do escopo, se o espaço relativo à sua definição ficar em branco, o interpretador considerará a *Sub* como *pública*. A expressão *<comandos>* deve ser substituída por elementos da linguagem de programação do VBA Excel. A execução de uma sub-rotina pode ser feita, no editor do VBA, acionando-se a tecla F5. O cursor deve estar em uma das linhas da sub-rotina.

Lembrete: "executar" uma sub-rotina e/ou função significa acionar a função (fazê-la funcionar na planilha).

A sub-rotina *mensg* é um código simples de exibição de uma mensagem com a função *MsgBox*:

```
Sub mensg()
    MsgBox ("programa em visual basic")
End Sub
```

Aqui, a execução da sub-rotina produzirá uma janela com o texto *"programa em visual basic"*. O comando *MsgBox* imprime a informação que está à sua direita. Os parênteses usados antes e depois do texto impresso são opcionais.

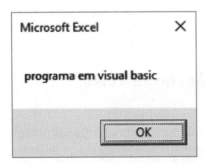

Figura 4.3: Execução da sub-rotina *mensg*

A execução se dará na planilha que estiver aberta.

Se a sub-rotina anterior for modificada para ter o código

```
Sub mensg()
    myNum = InputBox("Informe um número")
    MsgBox "programa em visual basic" & myNum
End Sub
```

na sua execução, a sub-rotina pedirá um número, por meio do comando *InputBox*, conforme texto informativo que está entre parênteses (aqui os parênteses são obrigatórios). O comando do *MsgBox* só será acionado após a resposta do usuário à solicitação do comando *InputBox*. O texto da função *MsgBox* será impresso na tela com o texto informado pelo usuário na execução do comando *InputBox*. A Figura 4.3 mostra a janela aberta por *InputBox* e o resultado se o número informado for 1.

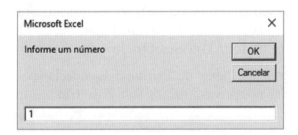 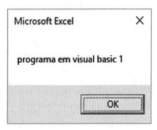

Figura 4.4: Execução da sub-rotina *mensg* com a inclusão do *InputBox*

Se a linha de comando

```
MsgBox "programa em visual basic" & myNum
```

for escrita da forma

```
MsgBox "programa em visual basic" & Chr(13) & myNum
```

a exibição da caixa de mensagem trará o número digitado pelo usuário em uma linha abaixo do texto. O comando *Chr(13)* representa a função de caracteres ASCII referente ao acionamento da tecla *Enter* do computador (ou *CR*, como é apresentada em geral). Outras funções *Chr*: `Chr(9)` representa a tabulação (tecla *Tab*), e *Chr(32)* representa um espaço simples (acionamento da barra de espaços). O leitor pode fazer a substituição do *Chr* do código anterior e verificar a diferença na impressão do *MsgBox*.

As funções *MsgBox* e *InputBox* têm outras funcionalidades que serão apresentadas posteriormente.

Observa-se que o local dos argumentos da sub-rotina (os parênteses após o verbete *mensg*) está vazio. Normalmente, uma sub-rotina terá a área de argumentos preenchida se for acionada por outra.

Uma **função** tem a seguinte sintaxe básica:

```
<escopo da função> Function <nome>(<var>)
    <nome> = <função cuja variável é var>
End Function
```

A expressão *<nome>* será substituída pelo nome da função, escolhida pelo programador. *<var>* representa o nome da variável da função. Uma função criada no VBA pode ser executada dentro de uma planilha do Excel, ou pode ser usada em uma sub-rotina ou em outra função.

O *<escopo da função>* poderá ser *Public* ou *Private*. Essas declarações seguem as mesmas regras usadas nos procedimentos *Sub*. Caso não seja informado, o interpretador considerará a função como sendo do tipo *Public*.

Segue o código de uma função simples:

```
Function funcao(var)
    funcao = var ^ 2
End Function
```

Esta função produz um número que é o valor da variável ao quadrado (elevado a 2).

A planilha representada pela Tabela 4.3 mostra a execução dessa função.

Em qualquer planilha aberta do Excel, na célula A1, foi digitado =*funcao(2)*, enquanto que na célula C1, =*funcao(A1)*. O resultado é mostrado na planilha:

VARIÁVEIS, CONSTANTES, SUB-ROTINAS E FUNÇÕES

	A	B	C	D	E	F	G	H
1	4		16					
2								

Tabela 4.3: Resultado do uso da função *funcao*

Observa-se que, na sua execução, o nome da função é precedido pelo sinal de igualdade. Como já visto, esse é o comando da planilha Excel para que a célula seja preenchida com o resultado da função.

Uma função pode ter como argumento um endereço de célula da planilha. Isso está ilustrado no cálculo da função com o argumento A1: =*funcao(A1)*.

A função é do tipo *Public*, então ela será válida em qualquer módulo do projeto. Supondo que o projeto atual tenha dois módulos e a função criada esteja no *Módulo1*. Se no *Módulo2* for escrito, por exemplo, o código

```
Sub uso_pfun2()
    y = funcao(2)
    MsgBox y
End Sub
```

sua execução será válida, e a função *MsgBox* imprimirá o valor 4. Uma mensagem de erro seria impressa se no código da função *funcao* sua primeira linha contivesse *Private Function funcao(var)*. Dessa maneira, a função só poderia ser usada no módulo em que foi criada (no caso, o *Módulo1*). Ressalta-se que, mesmo do tipo *Private*, a função pode ser usada diretamente em qualquer planilha da pasta.

Uma função pode apresentar mais de uma variável, como no exemplo a seguir:

```
Function expo(x,y)
    expo = x^y
End Function
```

Essa função escreve o resultado da fórmula que "eleva" a variável *x* à potência *y*. Na tabela a seguir, foram digitados os valores de 2 e 3 nas células A1 e B1, respectivamente. Na célula D1, é digitada a fórmula: =*expo(A1;B1)*. O resultado que aparece nessa célula é, então, $2^3 = 8$.

	A	B	C	D	E	F
1	2	3		8		

Tabela 4.4: Execução da função *expo*

Quando é usada uma função de mais de uma variável na planilha, os argumentos são separados por ponto e vírgula.

O argumento de uma função pode ser uma matriz (faixas de células da planilha). Um exemplo é exposto a seguir:

```
Function mat(M)
    mat = M.Rows.Count
End Function
```

Nesse exemplo, a função escreve na célula a quantidade de linhas da matriz *M*. A Tabela 4.5 ilustra a função.

	A	B	C	D	E
1	8	3		3	
2	U	V			
3	1	2			

Tabela 4.5: Execução da função *mat*

Na célula D1, tem-se a expressão: =*mat(A1:B3)*. Ou seja, a matriz *mat* equivale às linhas 1, 2 e 3 e às colunas A e B, ou

$$M = mat(A1:B1) = \begin{bmatrix} 8 & 3 \\ u & v \\ 1 & 2 \end{bmatrix}$$

O comando *M.Rows.Count* retorna o número de linhas da matriz *M*. A equivalência para colunas é *M.Columns.Count*.

Se a função *mat* for escrita como segue

```
Function mat(M)
    mat = M.Rows(3).Columns(2)
End Function
```

o resultado, considerando a matriz da Tabela 4.5, será "2". O comando *M.Rows(3).Columns(2)* corresponde ao elemento da matriz *M* que está na linha 3 e coluna 2 (célula B3).

Uma função pode trazer outra (ou outras) em seu código. A função seguinte usa a função de planilha *max* para determinar o valor máximo da primeira linha da matriz *M*:

```
Function mat(M)
    mat = WorksheetFunction.Max(M.Rows(1))
End Function
```

max é uma função predefinida do Excel. Em VBA, as funções podem conter outras funções criadas pelo programador. Elas devem estar em uma mesma planilha (um mesmo projeto). Se no último código for feita a inclusão da linha de comandos

```
Function mat(M)
    mat = WorksheetFunction.Max(M.Rows(1))
    mat = expo(mat,2)
End Function
```

o código substituirá o valor de *mat* calculado com a função *max* por seu valor elevado ao quadrado, retornando o valor calculado pela função *expo*, criada anteriormente.

As funções anteriores retornam como resultado um número. Uma função pode retornar também uma matriz. Essas funções serão abordadas mais à frente.

Sobre a declaração de variáveis em funções

Considerando-se que ao código da função *mat*, em qualquer uma das listagens anteriores, seja inserido o comando (na segunda linha do código):

```
Dim mat As Integer
```

sua execução levará a um erro. O interpretador considera que houve uma "duplicação" da variável *mat*, já que é o nome da função. No código de uma função, as variáveis declaradas devem ser próprias dela. O código da função seria válido se, por exemplo, fosse escrito da forma

```
Function mat(M)
  Dim valor As Integer
  valor = M.Rows.Count
  mat = valor
End Function
```

A variável *valor* foi criada na função para ser usada internamente por ela.

As variáveis envolvidas na função *mat* podem ter suas declarações feitas na sua primeira linha de código da seguinte maneira:

```
Function mat(M As Range) As Integer
```

Aqui, *mat* é um número inteiro (a função *mat* retorna uma variável do tipo inteiro) e *M* é uma variável do tipo *Range*.

Procedimentos, ou sub-rotinas *Sub*, e/ou funções em procedimentos *Sub*

Um procedimento *Sub* pode ter em sua listagem uma outra função, ou mesmo uma outra *Sub*, do mesmo projeto, ou seja, da mesma planilha (inclusive em outros módulos, caso sejam todos do tipo *Public*).

Na Figura 4.5 é mostrada uma tela, de um mesmo módulo, com mais de uma sub-rotina. Para executar uma delas, deve-se posicionar o cursor em qualquer linha da sub-rotina escolhida e acionar a tecla F5. Nos códigos mostrados, têm-se sub-rotinas com outra função e uma sub-rotina (*sub-*

nome0) acionando outra sub-rotina com o comando *call* (diz-se que uma sub-rotina "chama" a outra).

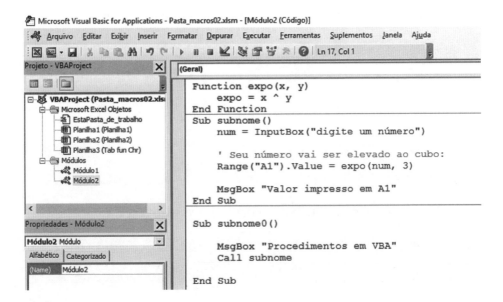

Figura 4.5: Exemplo de uma sub-rotina acionada por outras

O código *call subnome* executará essa sub-rotina dentro da sub-rotina *subnome0*.

4.3. Elementos do VBA usados no capítulo

Variáveis *var* e *var_txt* declaradas como um número e um texto:

```
Dim var As Single
Dim var _ txt As string
```

Impressão do comprimento das variáveis *var_txt* e *s*:

```
MsgBox len(var _ txt) _
& " " & len(s)
```

Declaração implícita e atribuição das variáveis *var_txt* e *s*:

```
var _ txt$ = "Variável texto"
s! = 10
```

Variável *n* declarada com "estática":

```
Static n As Integer
```

Declaração e definição das propriedades da variável do tipo objeto *Ctl*:

```
Dim Ctl As Object
Set Ctl = Range("b3:c4")
With Ctl
  .Font.Underline = True
  .Font.Color = 3
  .Font.Bold = True
End With
```

Variável *DPessoal* criada como um tipo:

```
Type DPessoal
Nome As String
Idade As Integer
End Type
```

Aplicação do tipo *DPessoal* à variável *Funcionario1*:

```
Dim Funcionario1 As DPessoal
Funcionario1.Nome = "Sassenfeld"
Funcionario1.Idade = 45
```

Atribuição às propriedades da variável *Funcionario1* com a estrutura *With – End With*:

```
With Funcionario1
.Nome = "Sassenfeld"
.Idade = 45
End With
```

Criação da constante *numvalor*:

```
Const numvalor As Single = 10
```

Atribuição de um valor à variável *myNum* com a função *InputBox*:

```
myNum = InputBox("Informe um número")
```

Impressão em linha única e usando *Chr(13)* para impressão em outra linha:

```
MsgBox "programa em visual basic" & myNum
MsgBox "programa em visual basic" & Chr(13) _
& myNum
```

Criação da função de uma variável *funcao*:

```
Function funcao(var)
    funcao = var ^ 2
End Function
```

Criação da função de duas variáveis *expo*:

```
Function expo(x,y)
    expo = x^y
End Function
```

Número de linhas da matriz M:

```
mat = M.Rows.Count
```

Referência ao elemento da linha 3 e coluna 2 da matriz M:

```
mat = M.Rows(3).Columns(2)
```

Cálculo do maior valor da primeira linha da matriz M:

```
mat = WorksheetFunction.Max(M.Rows(1))
```

Elementos da linguagem de programação VBA

Este capítulo mostra os elementos que fazem parte da biblioteca de comandos do VBA que comporão os códigos exemplos das diversas partes do capítulo. Como em toda linguagem de programação, o VBA também trabalha com estruturas de repetição e controle e com o manuseio de variáveis indexadas: as matrizes.

- Tomada de decisões (estruturas de controle e repetição)
- Variáveis indexadas (vetores e matrizes)

5.1. Tomada de decisões (estruturas de controle e repetição)

Em exemplos do Capítulo 3 fez-se a troca de posições de valores de duas células sem que nenhum critério fosse especificado, por exemplo, deixar os valores em ordem crescente de grandeza. As estruturas de controle e repetição ajudam nesse processo. Em outro exemplo, foi mostrado como trocar as posições de duas linhas. Esse problema seria maior se o objetivo fosse trocar as posições de várias linhas (ou colunas) simultaneamente. As estruturas de controle e repetição são usadas para dar mais agilidade a esse tipo de tarefa. E, ainda, se as permutas fossem feitas a partir de um critério qualquer, seria necessária a combinação dessas estruturas.

5.1.1. Estrutura de controle *If* (simples)

Essa estrutura pode muitas vezes ser substituída por uma função predefinida do VBA. Mas ela pode ser útil quando combinada com as estruturas de repetição que serão estudadas adiante. E, ainda, as funções predefinidas podem não ser lembradas imediatamente, e, com a estrutura *If*, o usuário pode criar mais rapidamente suas próprias funções.

Sua sintaxe:

```
If (<relacionamento>) Then
    <comandos>
End if
```

Observações:
1. Por convenção deste trabalho, como já usado anteriormente, termos entre "<" e ">" devem ser substituídos por elementos da linguagem VBA.

2. No "relacionamento" pode-se ter um operador relacional ou lógico (ou uma combinação deles):

Operadores relacionais		Operadores lógicos	
Operador	Significado	Operador	Significado
>	Maior que	And	e
<	Menor que		
>=	Maior ou igual a	Not	não
<=	Menor ou igual a		
<>	Diferente	Or	ou
=	Igual a		

Tabela 5.1: Operadores relacionais e lógicos

No código a seguir, a permuta de dois valores entre duas células da planilha dá-se com o objetivo de deixá-los na ordem crescente de grandeza:

```
Sub troc_celula()

If Cells(1, 1) > Cells(2, 1) Then
    a = Cells(1, 1)
        b = Cells(2, 1)

        Cells(1, 1) = b
        Cells(2, 1) = a
    End If

End Sub
```

Esse código pode também vir com a função *Large*, estudada anteriormente. A listagem da sub-rotina *troc_celula()* poderia ser:

```
a = WorksheetFunction.Large(Range(Cells(1,1), Cells(2,1)), 1)
b = WorksheetFunction.Large(Range(Cells(1,1), Cells(2,1)), 2)
Cells(1, 1) = b
Cells(2, 1) = a
```

Agora a decisão é de fazer a diferença entre dois números, sendo o maior pelo menor:

```
Sub diferenca()
        a = Cells(1, 1)
        b = Cells(2, 1)

        If (a > b) Then
                Cells(4, 1) = a - b        'impressão em A4
        End If
        If (a < b) Then
                Cells(4, 1) = b - a
        End If
End Sub
```

Nesse exemplo, a sub-rotina toma dois valores numéricos, os quais estão nas células A1 e A2. Em seguida, faz a diferença entre o maior e o menor valor. Observa-se que apenas uma operação será feita ($b - a$ ou $a - b$). A não ser que a e b sejam números iguais. Mesmo que o retorno do procedimento fosse o mesmo, isso resultaria em uma operação numérica a mais, um "tempo computacional" maior. Isso pode ser melhorado com a substituição do relacionamento

```
If (a > b) Then
```

por

```
If (a>= b) Then
```

A diferença $a - b$ ilustrada no exemplo anterior é um operador aritmético que faz a diferença entre os números a e b. A Tabela 5.2 mostra uma listagem de outros operadores aritméticos do VBA.

Operador	Exemplo	Significado
+	a + b	Adição dos números a e b
^	a^b	Número a elevado à potência b
*	a*b	Multiplicação de a por b
Mod	a Mod b	Resto da divisão de a por b
/	a/b	Divisão dos números a e b. O resultado é um número real
\	a\b	Divisão dos números a e b. O resultado é um número inteiro

Tabela 5.2: Tabela com operadores aritméticos

Novamente, pode-se reescrever o último código usando-se a função de planilha *Large*:

```
Sub diferença()
d = WorksheetFunction.Large(Range(Cells(1,1), Cells(2,1)),1) _
- WorksheetFunction.Large(Range(Cells(1, 1), Cells(2, 1)), 2)
Cells(4, 1) = d
End Sub
```

O uso da estrutura *If* composta, mostrada a seguir, também pode ajudar no exemplo.

5.1.2. Estrutura *If* (composta)

Sintaxe:

```
If (<relacionamento>) Then
    <lista de comandos 1>
Else
    <lista de comandos 2>
End If
```

A próxima listagem traz a sub-rotina *diferenca* reescrita com a estrutura *if* composta.

```
Sub diferenca()
        a = Cells(1, 1)
        b = Cells(2, 1)

        If (a > b) Then
                Cells(4, 1) = a - b
        Else
                Cells(4, 1) = b - a
        End If
End Sub
```

No exemplo a seguir, a sub-rotina calcula, sem o uso de uma função preexistente da biblioteca do VBA, o maior entre três valores que estão nas células A1, A2 e A3. O resultado é impresso na célula A5.

```
Sub Maior_numero()
        maior = Cells(1, 1)
        If (Cells(2, 1) >maior) Then
                maior = Cells(2, 1)
        End If
        If (Cells(3, 1) >maior) Then
                maior = Cells(3, 1)
        End If
    Cells(5, 1) = maior
End Sub
```

Reescrevendo-se o exemplo anterior usando-se o controle *If* composto (com *Else*):

```
Sub Maior_numero()
maior = Cells(1, 1)
```

```
    If (Cells(2, 1) >maior) Then
        If (Cells(2, 1) > Cells(3, 1)) Then
            maior = Cells(2, 1)
        Else
            maior = Cells(3, 1)
        End If
    Else
        If (Cells(3, 1) >maior) Then
            maior = Cells(3, 1)
        End If
    End If
    Cells(5, 1) = maior
End Sub
```

Agora o código refere-se a uma sub-rotina que escreve quantos números, entre três lidos (nas células A1, A2 e A3), são maiores ou iguais a 10. Também aqui não foi feito o uso de funções preexistentes.

```
Sub conta_numero()
    Contador = 0
    If (Cells(1, 1) >= 10) Then Contador = Contador + 1
    If (Cells(2, 1) >= 10) Then Contador = Contador + 1
    If (Cells(3, 1) >= 10) Then Contador = Contador + 1

    Cells(5, 1) = Contador
End Sub
```

Observa-se nesse último exemplo que, se o comando *If* (simples) ocupa uma única linha, não é necessário o uso da expressão *End If*.

O código do procedimento *conta_numero()*, com uma função preexistente, ficaria:

```
Cells(5,1) = WorksheetFunction _
.CountIf(Range(Cells(1,1), Cells(3, 1)), ">=10")
```

A tabela a seguir mostra como ficaria a execução da sub-rotina do último exemplo.

	A	B
1	11	
2	10	
3	6	
4		
5	2	
6		

Tabela 5.3: Execução da sub-rotina *conta_numero*

5.1.3. Estrutura *If* com o comando *GoTo*

Esta estrutura desloca instruções com o comando *GoTo*. No exemplo seguinte, uma mensagem informará se o código escrito na célula A1 está correto. Se não, a próxima instrução está orientada pelo texto *Mens*:

```
Sub GoToCod()
         Cod_senha = Cells(1, 1)
         If Cod_senha <> "3217" Then GoTo Mens
              MsgBox ("Código incorreto")
         Exit Sub
Mens:
     MsgBox "Redefina código."
End Sub
```

A sub-rotina é interrompida na sub-rotina *GoToCod()* com o comando *Exit Sub* se a condição da estrutura *If* for verdadeira.

No próximo exemplo, verifica-se qual é a última célula da coluna 2 (B) preenchida com algum valor. Esse número é armazenado na variável *Fim_lin*. Se *Fim_lin* for menor ou igual a 20, preenchem-se as 20 primeiras linhas da coluna 2 com o número 1. Se não, as linhas até *Fim_lin* são deixadas em branco, e as 20 primeiras linhas da segunda coluna recebem o valor numérico 1.

```
Sub GoToFimLin()
    Fim_lin = Cells(Rows.Count, 2).End(xlUp).Row
    If Fim_lin <= 20 Then GoTo PreencheCel
    Range(Cells(1, 2), Cells(Fim_lin, 2)).Clear
    Range(Cells(1, 2), Cells(20, 2)).Value = 1
    Exit Sub
PreencheCel:
    Range(Cells(1, 2), Cells(Fim_lin, 2)).Value = 1
End Sub
```

5.1.4. Estrutura *Select – Case*

Sintaxe:

```
Select Case<expressão-referência>
    Case <expressão 1>
            <comandos 1>
    Case <expressão 2>
            <comandos2>
                .
                .
                .
    Case else
            <comandos n>
End Select
```

A estrutura seleciona as instruções associadas à *<expressão 1>*, *<expressão 2>*, ..., *<expressão n>* de acordo com a referência <expressão-referência>. *expressão n* pode ser um simples valor (um número ou um texto), uma lista de valores ou uma faixa de valores (por exemplo: *case 1 to 4*). O comando final *Case else* é executado se nenhuma *expressão* for verificada. Ele é opcional.

No código a seguir, é feito o uso dessa estrutura:

```
Sub exSelCase()
    k = Cells(1, 1)
    Select Case k
            Case 1
                    x = Sqr(k)
            Case 2
                    x = k ^ 2
    End Select
Cells(3, 1) = x
End Sub
```

Este código cria ou substitui a variável *x*, de acordo com o valor predefinido de *k*. Se *k* é 1, retorna-se a raiz quadrada como valor de *x*. Caso *k* seja 2, a variável *x* assumirá o valor de *k* elevado ao quadrado. O valor de *k* é obtido da célula A1, e o retorno da função ocorre na célula A3.

Cada *Case* pode ter mais de uma linha de código. A variável *k* não necessariamente está envolvida na instrução. Por exemplo,

```
Sub exSelCase()
            k = Cells(1, 1)
            x = Cells(2, 1)
        Select Case k
    Case 1
                y = Sqr(x)
    Case 2
                y = x ^ 2
        End Select

            Cells(4, 1) = x
```

```
            Cells(4, 2) = y
End Sub
```

Aqui, *k* representa um indicador que dirigirá o código para uma das funções que relacionam as variáveis *x* e *y*. Os valores de *k* e *x* devem estar em A1 e A2, respectivamente. As variáveis *x* e *y* são impressas em A4 e B4, respectivamente.

A estrutura *Select – Case* tem melhor aplicação quando se têm opções a escolher, como em um menu de comandos. Pode-se, assim, produzir um programa como no exemplo:

```
Sub exSelCase()
    a = Cells(1, 1)
    b = Cells(1, 2)
    c = Cells(1, 3)

    k = InputBox _
    ("Opções: 1 - raízes reais 2 - valor do polinômio")

    Select Case k
        Case 1
            d = b ^ 2 - 4 * a * c
            x1 = (-b + Sqr(d)) / (2 * a)
            x2 = (-b - Sqr(d)) / (2 * a)
            Cells(3, 1) = x1
            Cells(3, 2) = x2
        Case 2
            x = InputBox("Valor domínio = ")
            y = a * x ^ 2 + b * x + c
            Cells(3, 1) = y
    End Select
End Sub
```

Neste código, se a opção escolhida for 1, serão calculadas as raízes da equação do segundo grau, definida por seus coeficientes *a*, *b* e *c* (colocados em A1, B1 e C1). No caso de *k* = 2, o programa calculará o valor do polinômio $ax^2 + bx + c$ para um valor de *x* digitado pelo usuário.

Na estrutura *Select – Case*, pode-se incluir outra estrutura de controle, como no código:

```
Sub exSelCase()
a = Cells(1, 1)
b = Cells(1, 2)
c = Cells(1, 3)

k = InputBox _
("Opções: 1- raízes reais 2 - valor do polinômio")
Select Case k
 Case 1
            d = b ^ 2 - 4 * a * c
            If d >= 0 Then
                    x1 = (-b + Sqr(d)) / (2 * a)
                    x2 = (-b - Sqr(d)) / (2 * a)
                    Cells(3, 1) = x1
                    Cells(3, 2) = x2
            Else
                    MsgBox "Sem raízes reais"
            EndIf
 Case 2
            x = InputBox("Valor domínio = ")
            y = a * x ^ 2 + b * x + c
            Cells(3, 1) = y
 Case Else
            MsgBox "Opção inválida"
End Select
End Sub
```

Agora o programa identificará se o polinômio tem raízes reais. Essa listagem também inclui o comando *Case Else*, que finaliza o programa com uma mensagem de *"opção inválida"*, caso o valor de *k* digitado não seja 1 ou 2. O leitor pode executar esse programa para as diversas alternativas para os coeficientes *a*, *b* e *c*, entre elas *a* = 1; *b* = 1 e *c* = 2.

5.2. Estruturas de repetição

5.2.1. Sintaxe da estrutura *For – Next*

```
For <var> = <ini> to < fin >
    <comandos>
Next
```

Essa estrutura executará os comandos, *<comandos>*, enquanto o valor da variável *<var>* variar de *<ini>* até *<fin>*. *<ini>* e *<fin>* são números inteiros.

A estrutura *For* também pode vir com a definição do "espaçamento" entre *<ini>* e *<fin>*. Sua sintaxe ficaria:

```
For <var> = <ini> to < fin > step <stp>
    <comandos>
Next
```

Isso quer dizer que a sequência de valores para *<var>* é: *<ini>*, *<ini>* + *<stp>*, *<ini>* + 2*<stp>*, ...

5.2.2. Sintaxe da estrutura *While – Wend*

```
While (< relacionamento >)
    <comandos>
Wend
```

Essa estrutura executará os comandos, <comandos>, enquanto <relacionamento> for verdadeiro. Os parênteses são opcionais.

5.2.3. Sintaxe da estrutura *Do – Loop until*

```
Do
    <comandos>
Loop until(< relacionamento >)
```

Essa estrutura repetirá a execução dos comandos, <comandos>, até que <relacionamento> seja verdadeiro. Os parênteses são opcionais.

5.2.4. Exemplos gerais com estruturas de repetição

Exemplo 5.1: as sub-rotinas a seguir calculam a média dos números que foram escritos nas células A1 até A10.

	A	B
1	2	
2	2	
3	1	
4	3	
5	7	
6	8	
7	9	
8	11	
9	12	
10	15	

Tabela 5.4: Tabela com dados para execução das sub-rotinas do exemplo 5.1

Com a estrutura *For – Next*:

```
Sub media_for()
        contador = 0
        For i = 1 To 10
                contador = contador + Cells(i, 1)
        Next
        media = contador / 10
        MsgBox "Media = " & media
End Sub
```

Observação: quando é escrito *"media ="* & *media*, faz-se a "concatenação" de dois textos. Essa sequência está concatenando (juntando) o texto *media =* com o valor que está armazenado na variável *media*.

Com a estrutura *While – Wend*:

```
Sub media_while()
contador = 0
i = 1
        While (i <= 10)
        contador = contador + Cells(i, 1)
        i = i + 1
    Wend
        media = contador / 10
        MsgBox "Media = " & media
End Sub
```

Com a estrutura *Do – Loop until*:

```
Sub media_do()
        contador = 0
        i = 1
        Do
```

```
                contador = contador + Cells(i, 1)
                i = i + 1
        Loop Until (i = 11)
        media = contador / 10
        MsgBox "Media = " & media
End Sub
```

Independente da sub-rotina usada, o resultado é mostrado conforme a Figura 5.1:

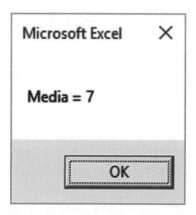

Figura 5.1: Execução da sub-rotina do exemplo 5.1

Alternativamente, pode-se orientar a sub-rotina para escrever a média em outra célula da planilha. Isso pode ser feito, por exemplo, trocando-se o comando

```
MsgBox "Media = " & media
```

por

```
Cells(1,3) = media
```

O valor da variável *media* será impresso na célula C1.

Exemplo 5.2: pretende-se agora que uma sub-rotina calcule novamente a média de um grupo de números. A planilha da Tabela 5.5 é a referência para a execução dessa nova sub-rotina. Mas agora será colocado um "*x*" na célula vizinha ao último número do grupo que terá sua média calculada, por exemplo, na tabela.

	A	B
1	2	
2	2	
3	1	
4	3	X
5	7	
6	8	
7	9	
8	11	
9	12	
10	15	

Tabela 5.5: Dados para a execução da sub-rotina do exemplo 5.2

A sub-rotina deverá calcular a média dos números que estão nas células de A1 até A4.

Segue a listagem da sub-rotina:

```
Sub media _ cond()
contador = Cells(1, 1)
i = 2
j = 1
While (i<= 10) And (Cells(j, 2) <> "x")
    contador = contador + Cells(i, 1)
    i = i + 1
    j = j + 1
    Wend
media = contador / (i - 1)
```

```
MsgBox "Media = " & media
End Sub
```

Com os recursos já estudados, pode-se substituir o código anterior por:

```
Sub media_cond()
Set px = Range(Cells(1, 2), Cells(10, 2)).Find("x")
n = px.Row
media = WorksheetFunction _
.Average(Range(Cells(1, 1), Cells(n, 1)))
MsgBox "Media = " & media
End Sub
```

O comando

```
Set px = Range(Cells(1, 2), Cells(10, 2)).Find("x")
```

encontra o texto *x* pesquisando as dez primeiras linhas da primeira coluna da planilha ativa. Quando se faz

```
n = px.Row
```

atribui-se à variável *n* o número da linha em que se encontra o *x*. A média calculada é a dos valores que estão nas *n* primeiras linhas da primeira coluna.

Essas duas linhas de códigos podem ser também sintetizadas em uma única:

```
n = Range(Cells(1, 2), Cells(10, 2)).Find("x").Row
```

Exemplo 5.3: será considerada a Tabela 5.6 para mais um exemplo com uma estrutura de repetição. Ela lista uma sequência de nomes de funcionários de uma empresa qualquer e dados relativos a matrícula, idade, salário, função e situação do funcionário na empresa. Supõe-se que seja preciso determinar o número de operadores ativos. Os próximos códigos serão feitos para este fim.

	A	B	C	D	E	F	G
1	Nome	Matrícula	Idade	Salário	Função	Situação	
2	Clodoaldo	100	30	3600	secretário	ativo	
3	Gerson	110	40	4000	operador	ativo	
4	Jair	102	35	3800	mecânico	afastado	
5	Reinaldo	109	27	4000	operador	ativo	
6	Sócrates	104	63	4500	operador	afastado	
7	Zico	106	41	3100	vigilante	ativo	

Tabela 5.6: Tabela de dados para o exemplo 5.3

A primeira listagem de comandos posicionará na coluna G a função de planilha *SE*, que atribuirá a cada linha de G (da segunda à sexta linha) o valor 1, se os conteúdos das colunas E e F, forem, respectivamente, "operador" e "ativo". Se não, a célula receberá o valor 0 (zero). O somatório dos valores da coluna G representará o número de operadores ativos. Segue o código:

```
Range("G2").Select
ActiveCell.Formula = _
"=if(E2=""operador"",if(F2=""ativo"",1,0),0)"
Selection.Copy
Range("G3:G7").Select
ActiveSheet.Paste
MsgBox "Número de operadores ativos: " _
& WorksheetFunction.Sum(Range("G2:G7"))
```

Na célula G2, por exemplo, estará a função =*SE(E2="operador"; SE(F2="ativo";1;0);0)*. Nas demais linhas, G3:G7, são escritas fórmulas análogas. O resultado é impresso pelo comando *MsgBox*, que contém a função de planilha *Sum* (soma) para a faixa G2:G7.

No modo anterior, tomou-se uma coluna a mais da tabela para posicionar as funções *SE*. Usando uma estrutura de repetição, isso é desnecessário.

```
contador = 0
For i = 1 To 6
    If Cells(1 + i, 5) = _
    "operador" And Cells(1 + i, 6) = "ativo" Then
        contador = contador + 1
    End If
Next
MsgBox "Número de operadores ativos: " & contador
```

As linhas de comandos

```
If Cells(1 + i, 5)= "operador" And Cells(1 + i, 6) ="ativo" Then
    contador = contador + 1
End If
```

verificarão se em E1 e F1 tem-se os textos *operador* e *ativo*, respectivamente. A cada sentença verdadeira, será atribuída à variável *contador* uma unidade.

Com qualquer um dos códigos, o resultado será a impressão da janela:

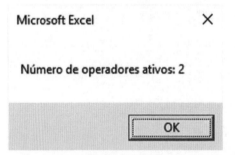

Figura 5.2: Retorno do código do exemplo 5.3

Exemplo 5.4: a próxima sub-rotina usará a função *Small* para colocar um conjunto de números, posicionados em uma coluna de uma planilha, em ordem crescente.

```
Sub OrdCresce()
n = Range("A1:A5").Count
For i = 1 To n
Range("B" & i) = WorksheetFunction.Small(Range("A1:A5"), i)
Next
End Sub
```

Os números da faixa A1:A5 serão colocados na faixa B1:B5 em ordem crescente.

Com o conjunto de números em uma linha, usa-se na listagem seguinte o comando *Cells*.

```
Sub OrdCresce()
n = Range("A1:E1").Count
For i = 1 To n
Cells(2, i) = WorksheetFunction.Small(Range("A1:E1"), i)
Next
End Sub
```

Agora os números estão na faixa A1:E1, e a sub-rotina escreve esses números em A2:E2, em ordem crescente de valores.

Uma maneira alternativa de posicionar um conjunto em ordem crescente é o uso da função *Sort*:

```
Range("A1:E1").Sort key1:=Range("A2"), _
order1:=xlAscending, Header:=xlNo
```

Aqui a função escreverá os elementos da faixa A1:E1 em uma coluna cuja primeira posição está na célula A2, em ordem crescente (ou alfabética, no caso de textos). Para a disposição em ordem decrescente usa-se *xlDescending* no lugar de *xlAscending*. O comando *Header:=xlNo* indica que não há um cabeçalho, a célula A2 terá o menor elemento da faixa A1:E1 (no caso de ordem crescente).

A função *Sort* poderia organizar também dados em linhas. Para isso, deve-se acrescentar o comando

```
Orientation:=xlSortRows,
```

antes do comando de ordenação (*order1*).

Exemplo 5.5: na próxima listagem aplica-se a formatação da célula A1 em células alternadas da faixa A2:F2.

```
Sub usostep()
For i = 1 To 5 Step 2
  Cells(2, i).Interior.Color = Range("A1").Interior.Color
Next
End Sub
```

Essa sub-rotina ilustra o uso da estrutura *For* com o *Step*. Sua execução replica nas células A2, C2 e E2 a cor de preenchimento da célula A1.

5.2.5. Estrutura *For – Each*

Nesta estrutura, faz-se uma pesquisa em uma sequência de células que funcionarão como uma coleção. Uma coleção é um conjunto de objetos do mesmo tipo. No caso dos exemplos seguintes, será usado o tipo *Cell* como um *Range*.

```
Sub ChangeSign()
Dim Cell As Range
For Each Cell In Range("A1:A9")
        If IsEmpty(Cell) Then
            Cell.Value = 0
            End If
Next
End Sub
```

No procedimento *ChangeSign*, as células vazias da faixa A1:A9 são preenchidas com o número 0 (zero). O parâmetro *Cell* é um objeto, então é conveniente fazer sua declaração como um objeto *Range* (*Dim Cell As Range*). O próximo código usa a estrutura para formatar células de um *Range*:

```
Sub FormTxt()
Dim Cell As Range
For Each Cell In Range("A1:A10")
If Len(Cell) < 4 Then
        Cell.Font.Size = 14
        Cell.Font.Underline = xlUnderlineStyleSingle
        Cell.Font.Name = "Arial"
    End If
Next
End Sub
```

O texto de cada célula da faixa A1:A10 tem seu comprimento (número de caracteres) medido, e a partir disso é atribuída ao texto a formatação do tamanho da fonte em 14 (*Cell.Font.Size*), do texto em sublinhado (*Cell.Font.Underline*) e da fonte no tipo *Arial* (*Cell.Font.Name*).

A propriedade *Underline* pode ainda ser do tipo duplo, *Cell.Font.Underline = xlUnderlineStyleDouble*, ou pode ser usado um código para que o formato sublinhado seja retirado: *Cell.Font.Underline = xlUnderlineStyleNone*.

A propriedade *Font.Name* pode atribuir qualquer tipo de fonte instalada no pacote do *Microsoft Office* usado. Por exemplo, Times New Roman, Calibri, Verdana, entre outras.

5.3. Variáveis indexadas (matrizes)

Uma única variável pode representar uma sequência de posições de memória, individualizando essas posições por índices. Essas variáveis recebem o nome genérico de matrizes. Seguem exemplos:

$$M_1 = \begin{bmatrix} 3 & 5 \\ 0 & -1 \end{bmatrix} \qquad M_2 = \begin{bmatrix} 3 & 1 & 2 \end{bmatrix}$$

Na primeira matriz, a referência a um dos seus elementos é feita da forma: $M_1(1,2) = 5$. Ou seja, o elemento da matriz M_1 que está na primeira linha e segunda coluna é o número 5 (cinco).

Na segunda, como há apenas uma "fila", no caso uma linha (o termo "fila" refere-se a uma linha ou coluna), a representação do elemento é feita como segue: $M_2(3) = 2$. Ou seja, o elemento da matriz M_2 que está na terceira posição é o número 2 (dois).

Normalmente, denomina-se "*vetor*" a matriz que tem uma única fila (linha ou coluna). Em VBA, a representação de um vetor é dada a seguir:

```
Dim <nome do vetor>(<qte>) As <tipo dos elementos>
```

Aqui:

» *Dim*: comando para declaração de matrizes;
» *<nome do vetor>*: nome do vetor escolhido pelo programador;
» *<qte>*: quantidade máxima de elementos que terá o vetor (equivale a posições da memória);
» *<tipo dos elementos>*: indica o tipo do dado dos elementos da matriz.

Os "*tipos*" que os elementos de um vetor podem assumir estão listados na Tabela 4.1 do Capítulo 4. A forma genérica de declaração de uma matriz é:

```
Dim <nome da matriz>(<qte1>,<qte2>,...,<qten>) As <tipo dos elementos>
```

Nesse caso, a matriz tem *n* (número inteiro qualquer) dimensões.

5.3.1. Exemplos com matrizes

Exemplo 5.6: este exemplo traz uma função na qual é aplicado o conceito de matrizes. A função escreve o maior valor (em termos absolutos) entre todos os elementos da matriz.

```
Function n_maior(M)
n = M.Count      '--> número de elementos da matriz M
```

```
n_maior = Abs(M(1))
For i = 2 To n
    If Abs(M(i)) >n_maior Then n_maior = Abs(M(i))
Next
End Function
```

O comando *Abs(M(i))* escreve o valor absoluto do número M(i). Essa função é predefinida na biblioteca de funções do VBA. A tabela a seguir lista outras funções matemáticas predefinidas:

Cos(x) **Sin(x)**	Funções trigonométricas. Retornam o cosseno e o seno, respectivamente, de x. O argumento x está em radianos.
Exp(x)	Retorna um número que representa a constante *e* (a base dos logaritmos naturais) elevado a uma potência (x).
Log(x)	Retorna o logaritmo natural de um número x.
Rnd()	Retorna um número aleatório entre 0 e 1.
Sgn(x)	Retorna o sinal de um número. 1 se x > 0, -1 se x < 0 e 0 se x = 0.
Sqr(x)	Retorna a raiz quadrada de um número x.

Tabela 5.7: Funções matemáticas predefinidas do VBA

Exemplo 5.7: este exemplo mostra uma sub-rotina que tem o mesmo fim do último exemplo.

```
Sub n_maior()
Dim M(10, 10)
n = Cells(1, 1)
'-----------------------Leitura dos elementos da matriz:
For i = 1 To n
    For j = 1 To n
        M(i , j) = Cells(i + 1, j)
    Next
Next
```

```
'------------------------Determinação do maior elemento:
maior = Abs(M(1, 1))


For i = 1 To n
 For j = 1 To n
    If Abs(M(i , j)) >maior Then maior = _
    Abs(M(i , j))
 Next
Next
Cells(1, n + 1) = "maior = " & maior
End Sub
```

A sub-rotina *n_maior()* lê a ordem da matriz, em A1 *(cells(1, 1))*, e seus elementos. Em seguida, determina e escreve, na própria planilha, o maior elemento em valor absoluto (módulo do número).

Essa sub-rotina foi preparada para trabalhar com matrizes de, no máximo, dez linhas e dez colunas. Pode-se tomar o valor de *n* como referência para esse dimensionamento. Para isso, troca-se

```
Dim M(10, 10)
n = Cells(1, 1)
```

por

```
n = Cells(1, 1)
ReDim M(n, n)
```

A leitura dos elementos da matriz *M* pode ser feita de forma mais direta usando-se o objeto *Range*. Nesse caso, exclui-se a declaração *Dim M(10,10)* e troca-se a sequência

```
For i = 1 To n
    For j = 1 To n
            M(i , j) = Cells(i + 1, j)
    Next
Next
```

por

```
M = Range(Cells(2, 1), Cells(n + 1, n))
```

Vale ressaltar que essa estratégia define uma faixa de células. Se *M* for uma matriz de fila única, por exemplo, *M = Range(Cells(2, 1), Cells(n + 1, 1))*, a referência a um elemento da matriz deve ser feita indicando-se as posições *linha/coluna*, como no objeto *Range*. Isso quer dizer que, por exemplo, o primeiro elemento de *M* não pode ser referenciado por *M(1)*, e sim por *M(1,1)*.

A sub-rotina listada anteriormente pode ser alterada para colocar a leitura dos elementos da matriz e a determinação do maior elemento em um mesmo fluxo de controle (no caso da sub-rotina, o comando *For* duplo). A nova listagem ficaria como segue:

```
Sub n_maior()
n = Cells(1, 1)
ReDim M(n, n)
maior = Abs(M(1, 1))
'-----Leitura da matriz e determinação do maior elemento:
For i = 1 To n
  For j = 1 To n
          M(i , j) = Cells(i + 1, j)
    If Abs(M(i , j)) >maior Then maior = _
    Abs(M(i , j))
  Next
Next
Cells(1, n + 1) = "maior = " & maior
End Sub
```

Observa-se que é atribuído à variável *maior* o primeiro elemento da matriz *M* antes de ela ser definida. Nesse caso, o interpretador considera *maior* = 0 (zero).

A listagem da função do Exemplo 5.6 apresenta menos linhas que a sub-rotina do Exemplo 5.7. A vantagem de se escolher a sub-rotina é o fato de que nela pode-se guardar a matriz para ser usada em outro ponto da sub-rotina, com outro objetivo. Ilustra-se isso no próximo exemplo.

Exemplo 5.8: a sub-rotina seguinte determina a média dos elementos de uma matriz e, em seguida, a quantidade de elementos que têm seus valores acima da média.

```
Sub mediamaior()
n = Cells(1, 1)
ReDim M(n, n)
contador = 0
'-----------------------------Determinação da média:
For i = 1 To n
    For j = 1 To n
            M(i, j) = Cells(i + 1, j)
            contador = contador + M(i, j)
    Next
Next
media = Round(contador / (n * n),2)
'-----------------------------Qtde de valores > média:
contador2 = 0
For i = 1 To n
    For j = 1 To n
            If M(i, j) > media Then contador2 = contador2 + 1
    Next
Next
Cells(1, n + 2) = "média = " & media
Cells(2, n + 2) = "maior = " & contador2
End Sub
```

Nesse exemplo, o cálculo da média é feito com o comando:

```
media = Round(contador / (n * n),2)
```

A função *Round(num , nc)* deixa o número **num** com **nc** (um valor inteiro) casas decimais. Essa função "arredonda" o número para que ele tenha a quantidade de casas decimais definidas em seu argumento. Assim, no comando da sub-rotina do último exemplo, a média terá seu valor arredondado com duas casas decimais.

A tabela a seguir mostra uma planilha hipotética na qual a sub-rotina *mediamaior()* foi executada.

	A	B	C	D	E	F
1	3				média = 2,44	
2	1	2	3		maior = 4	
3	2	4	0			
4	6	3	1			
5						

Tabela 5.8: Planilha com execução da sub-rotina *mediamaior()*

Exemplo 5.9: até agora foram vistas funções do VBA que retornam números. No entanto, as funções podem retornar também outras matrizes. Neste exemplo, temos a listagem de uma função que recebe uma matriz (o seu argumento é uma matriz quadrada) e retorna a sua matriz transposta.

```
Option Base 1
Function transp(A)
n = A.Rows.Count
ReDim AT(n, n)
i = 1
While i<= n
    j = 1
    While j <= n
        AT(i, j) = A.Rows(j).Columns(i)
        j = j + 1
    Wend
```

```
            i = i + 1
Wend

transp = AT

End Function
```

O comando *Option Base 1* informa ao VBA, para todas as funções do mesmo módulo (ele só precisa ser escrito uma única vez), que todos os índices das matrizes começam com 1. Uma alternativa seria declarar, por exemplo, a matriz AT da forma: *ReDim AT(1 to n, 1 to n)*. Essa declaração valeria apenas para a variável AT.

O comando *ReDim AT(n,n)* indica que a matriz *AT* tem a mesma dimensão que a matriz A (*n* linhas e *n* colunas).

No uso da função *transp(A)*, para ter a impressão da matriz final na planilha, pode-se, por exemplo, proceder da maneira a seguir (para outras funções criadas pelo programador, ou predefinidas no Excel, o processo é análogo).

1. Escreve-se o comando para uso da função em uma célula qualquer da planilha: *=transp(A1:C3)*. No caso desse exemplo, o comando escreverá a matriz transposta da matriz que está escrita na faixa de células definidas no argumento da função: A1:C3. A tabela ficaria da forma mostrada a seguir.

	A	B	C	D	E	F	G	H
1	1	5	2		1			
2	-2	4	3					
3	0	-1	6					
4								

Tabela 5.9: Planilha com a execução inicial da função *transp*

Em E1 está o primeiro elemento da matriz transposta. Foi nessa célula que o comando *=transp(A1:C3)* foi escrito.

2. Deve-se selecionar a faixa da planilha em que será impressa a matriz transposta. Essa seleção deve conter o primeiro elemento da matriz (neste exemplo, na célula E1). Ou seja, deve ser selecionada a faixa E1:G3. Em seguida tecla-se F2. A planilha fica da seguinte forma:

	A	B	C	D	E	F	G	H
1	1	5	2		=transp(A1:C3)			
2	-2	4	3					
3	0	-1	6					
4								

Tabela 5.10: Planilha após teclar F2

3. Finalmente, tecla-se *Shift* + *Ctrl* + *Enter*, e a matriz transposta será escrita na área selecionada.

	A	B	C	D	E	F	G	H
1	1	5	2		1	-2	0	
2	-2	4	3		5	4	-1	
3	0	-1	6		2	3	6	
4								

Tabela 5.11: Planilha com o resultado final da execução da função *transp*

Exemplo 5.10: tomando-se uma matriz de qualquer ordem, será determinada a quantidade de elementos que são ímpares e a soma desses elementos.

```
Sub s_impar()
n = Cells(1, 1)
M = Range(Cells(2, 1), Cells(n + 1, n))
soma_imp = 0
```

```
For i = 1 To n
 For j = 1 To n
If (M(i, j) Mod 2) = 1 Then
soma_imp = soma_imp + M(i, j)
EndIf
 Next
Next
Cells(n + 3, 1) = soma_imp
End Sub
```

Na sub-rotina, é lida a ordem *n* na célula A1 e a matriz *M* no conjunto de células limitadas por *Cells(2,1)*, A1 e *Cells(n+1,n)*. Estão sendo tratadas matrizes com números de linhas e colunas iguais. O programa utiliza como teste a função *M(i,j) Mod 2*, que retorna 1 se *M(i,j)* for ímpar, e 0 se *M(i,j)* for par.

Exemplo 5.11: o próximo código lerá os valores das duas primeiras colunas da planilha representada na Tabela 5.12 e montará um "gráfico inverso" de barras, conforme esta tabela:

	A	B	C	D	E	F	G	H
1	X	Y						
2	1	3						
3	2	2						
4	3	4						
5	4	1						

Tabela 5.12: Planilha com gráfico inverso dos pontos X e Y

Segue o código:

```
Sub exgraf1()
n = Cells(Rows.Count, 1).End(xlUp).Row
ReDim My(1 To n) As Single
```

```
For i = 1 To n - 1
  My(i) = Cells(1 + i, 2)
Next

For i = 1 To n - 1
    Range(Cells(1, 4+i),Cells(My(i), 4 + i)). _
    Interior.ColorIndex = 1
Next
End Sub
```

O comando

```
n = Cells(Rows.Count, 1).End(xlUp).Row
```

atribui a *n* a última posição da coluna 1 da planilha, que possui um valor (que não está vazia).

Os valores que estão na coluna *Y* são associados a elementos de uma matriz *My* pelo código:

```
For i = 1 To n - 1
  My(i) = Cells(1 + i, 2)
Next
```

Finalmente, o trecho da listagem da sub-rotina *exgraf1*, que produz as barras invertidas, é:

```
For i = 1 To n - 1
    Range(Cells(1, 4+i),Cells(My(i), 4 + i)). _
    Interior.ColorIndex = 1
Next
```

A sub-rotina *exgraf2* desenha o gráfico inverso, alternando a posição das barras coluna a coluna. A Tabela 5.13 traz esse gráfico.

	A	B	C	D	E	F	G	H	I	J	K	L
1	X	Y			■		■		■		■	
2	1	3			■		■		■			
3	2	2			■				■			
4	3	4							■			
5	4	1										

Tabela 5.13: Montagem do gráfico inverso em colunas alternadas

A sub-rotina tem o seguinte código:

```
Sub exgraf2()
n = Cells(Rows.Count, 1).End(xlUp).Row
ReDim My(1 To n) As Single

For i = 1 To n - 1
  My(i) = Cells(1 + i, 2)
Next
k = 1
For i = 1 To 2 * (n - 1) - 1 Step 2
    Range(Cells(1, 4+i),Cells(My(k),4 + i)). _
    Interior.ColorIndex = 1
    k = k + 1
Next
End Sub
```

Agora as barras serão invertidas para a produção de um gráfico que se aproxima mais de um gráfico de barras.

O código é o seguinte:

```
Sub exgraf3()
```

```
n = Cells(Rows.Count, 1).End(xlUp).Row
ReDim My(1 To n) As Single


For i = 1 To n - 1
 My(i) = Cells(1 + i, 2)
Next


For i = 1 To n - 1
    Range(Cells(n, 4 + i), Cells(n+1-My(i), 4 + i)). _
    Interior.ColorIndex = 1
Next
End Sub
```

A tabela mostra a execução dessa última sub-rotina.

	A	B	C	D	E	F	G	H	I	J	K	L
1	X	Y										
2	1	3										
3	2	2										
4	3	4										
5	4	1										

Tabela 5.14: Montagem do gráfico de barras para X e Y

5.4. Elementos do VBA usados no capítulo

Alinhamento de valores em ordem crescente com a estrutura *If – End if*:

```
If Cells(1, 1) > Cells(2, 1) Then
    a = Cells(1, 1)
    b = Cells(2, 1)
    Cells(1, 1) = b
    Cells(2, 1) = a
End If
```

Atribuição do maior valor da faixa A1:A2 à variável *a*:

```
a = WorksheetFunction.Large(Range(Cells(1,1), _
Cells(2,1)), 1)
```

Atribuição do segundo maior valor da faixa A1:A2 à variável *b*:

```
b = WorksheetFunction.Large(Range(Cells(1,1), _
Cells(2,1)), 2)
```

À célula A4 é atribuída a diferença entre os dois maiores valores da faixa A1:A2, na ordem: maior menos o menor:

```
d = WorksheetFunction.Large _
(Range(Cells(1,1), Cells(2,1)),1) _
- WorksheetFunction.Large _
(Range(Cells(1, 1), Cells(2, 1)), 2)
Cells(4, 1) = d
```

Aplicação da estrutura *If* composta:

```
If (a > b) Then
    Cells(4, 1) = a - b
Else
```

```
        Cells(4, 1) = b - a
End If
```

Estrutura *If* em linha única:

```
If (Cells(1,1)> = 10) Then Contador=Contador+1
```

Função *CountIf* para determinar o número de elementos maiores que 10 em A1:A3:

```
Cells(5,1) = WorksheetFunction _
 .CountIf(Range(Cells(1,1),Cells(3,1)), ">=10")
```

Estrutura *If* com *GoTo*:

```
If Cod _ senha <> "3217" Then GoTo Mens
    MsgBox ("Código correto")
    Exit Sub
Mens:
    MsgBox "Redefina código."
```

Atribuição à variável *Fim_lin* do valor da referência da última linha com valores da segunda coluna:

```
Fim _ lin = Cells(Rows.Count, 2).End(xlUp).Row
```

Uso da estrutura *Select – Case*:

```
Select Case k
    Case 1
         x = Sqr(k)
    Case 2
         x = k ^ 2
End Select
```

Estrutura *Select – Case* com comandos múltiplos em cada *Case*:

```
Select Case k
    Case 1
            d = b ^ 2 - 4 * a * c
            x1 = (-b + Sqr(d)) / (2 * a)
            x2 = (-b - Sqr(d)) / (2 * a)
            Cells(3, 1) = x1
            Cells(3, 2) = x2
    Case 2
            x = InputBox("Valor domínio = ")
            y = a * x ^ 2 + b * x + c
            Cells(3, 1) = y
Case Else
            MsgBox "Opção inválida"
End Select
```

Aplicação da estrutura *For – Next*:

```
For i = 1 To 10
    contador = contador + Cells(i, 1)
Next
```

Aplicação da estrutura *While – Wend*:

```
While (i <= 10)
    contador = contador + Cells(i, 1)
    i = i + 1
Wend
```

Aplicação da estrutura *Do – Loop Until*:

```
Do
    contador = contador + Cells(i, 1)
```

```
    i = i + 1
Loop Until (i = 11)
```

Aplicação da estrutura *While – Wend* com relacionamentos múltiplos:

```
While (i<= 10) And (Cells(j, 2) <> "x")
    contador = contador + Cells(i, 1)
    i = i + 1
    j = j + 1
Wend
```

Criação do objeto *px* para a posição do primeiro valor "x" em B1:B10:

```
Set px = Range(Cells(1, 2), Cells(10, 2)). _
Find("x")
```

Atribuição à variável *n* do número da linha relativa à *px*:

```
n = px.Row
```

Inserção de fórmula com o comando *ActiveCell.Formula*:

```
ActiveCell.Formula = _ ""operador"",if(F2=""ativo"",1,0),0)"
```

Concatenação texto – fórmula na função *MsgBox*:

```
MsgBox "Número de operadores ativos: " _
& WorksheetFunction.Sum(Range("G2:G7"))
```

Uso da estrutura *If – End If* com o relacionamento *And* comparando-se textos:

```
If Cells(1 + i, 5) = _
"operador" And Cells(1 + i, 6) = "ativo" Then
```

```
        contador = contador + 1
End If
```

Atribuição à célula da coluna B e linha i do i-ésimo menor valor de A1:A5:

```
Range("B" & i) = _
WorksheetFunction.Small(Range("A1:A5"), i)
```

Ordenação em ordem crescente dos elementos de A1:E1, com impressão a partir da célula da A2:

```
n = Range("A1:E1").Count
For i = 1 To n
    Cells(2, i) = _
    WorksheetFunction.Small(Range("A1:E1"),i)
Next
```

Ordenação em ordem crescente dos elementos de A1:E1, a partir da célula A2, com o comando *Sort*:

```
Range("A1:E1").Sort key1:=Range("A2"), _
order1:=xlAscending, Header:=xlNo
```

Aplicação da estrutura *For – Next* com um intervalo definido por *Step*:

```
For i = 1 To 5 Step 2
```

Replicação nas células da linha 2, colunas i, da cor de preenchimento da célula A1:

```
Cells(2, i).Interior.Color = _
Range("A1").Interior.Color
```

Uso da estrutura *For – Each Cell* para verificar, com a função *IsEmpty*, quais células da faixa A1:A9 estão vazias e preenchê-las com 0 (zero):

```
For Each Cell In Range("A1:A9")
    If IsEmpty(Cell) Then
    Cell.Value = 0
    End If
Next
```

Uso da função de planilha *Abs* sem o objeto *WorksheetFunction*:

```
n_maior = Abs(M(1))
```

Uso da estrutura *For* dupla para atribuir valores à matriz M:

```
Dim M(10, 10)
n = Cells(1, 1)
For i = 1 To n
 For j = 1 To n
    M(i, j) = Cells(i + 1, j)
Next
Next
```

Atribuição à variável *n* do número de linha da matriz A e o dimensionamento da matriz AT:

```
M = Range(Cells(2, 1), Cells(n + 1, n)).Value
n = A.Rows.Count
ReDim AT(n, n)
```

Uso da estrutura *While – End* dupla para preencher a matriz AT com os elementos da matriz A:

```
i = 1
While i<= n
```

```
        j = 1
        While j <= n
                AT(i, j) = A.Rows(j).Columns(i)
                j = j + 1
        Wend
                i = i + 1
Wend
```

Atribuição aos elementos da matriz M com valores de uma faixa de células de dimensão *n* definida em A1:

```
n = Cells(1, 1)
M = Range(Cells(2, 1), Cells(n + 1, n))
```

A função *Mod* traz o resto da divisão de M(i,j) com 2. Se o retorno for 1, M(i,j) é ímpar, senão, par:

```
If (M(i, j) Mod 2) = 1 Then
    soma_imp = soma_imp + M(i, j)
End If
```

A matriz My tem sua dimensão definida pelo número de linhas preenchidas da coluna A:

```
n = Cells(Rows.Count, 1).End(xlUp).Row
ReDim My(1 To n) As Single
```

Indicação de linha, em uma célula, com o elemento da posição *i* da matriz My:

```
Range(Cells(1, 4+i),Cells(My(i), 4 + i)). _
Interior.ColorIndex = 1
```

Eventos em VBA

CAPÍTULO 6

Um evento pode ser generalizado como uma ação qualquer que acontece no uso da planilha eletrônica da Microsoft, o Excel, desde a abertura de uma pasta até o momento em que ela é salva e fechada. Este capítulo discorre sobre alguns dos eventos mais usados.

- Conceitos gerais
- Produção de eventos com o VBA

6.1. Introdução

Os eventos ocorrem em pastas de trabalho e também nas planilhas contidas em um projeto do Excel. Normalmente, um evento representa a execução automática de um procedimento *Sub*.

Estão entre os eventos mais comuns: a ativação/desativação de uma janela ou planilha; edição e formatação de células, além de cálculo de fórmulas (acionamento da tecla F9); acionamento de objetos, como um botão de *UserForm*, e teclas especiais, como a tecla de exibição de ajuda F1; exibição de data e hora, como uma ocorrência de uma *Sub*; impressão de mensagens de erro.

Os eventos são produzidos para ações em pastas de trabalhos e planilhas. No site da Microsoft há uma tabela com os **eventos de pastas de trabalho** no link: <https://msdn.microsoft.com/pt-br/library/microsoft.office.tools.excel.workbook_events.aspx>.

Para os **eventos de planilha**, o link é o seguinte: <https://msdn.microsoft.com/pt-br/library/microsoft.office.tools.excel.worksheet_events.aspx>.

6.2. Escrevendo códigos acionados por eventos

Quando o editor do VBA é aberto, podem ser observadas na janela *Projeto – VBAProject* as pastas nas quais serão escritos os procedimentos *Sub* relativos aos eventos de pasta de trabalho e planilha: *EstaPasta_de_trabalho* e *Planilha1(Planilha1)*. Inicialmente tem-se uma única planilha. Se durante o projeto forem criadas novas, elas também estarão listadas como *Planilha2 (Planilha2)*, *Planilha3 (Planilha3)* etc.

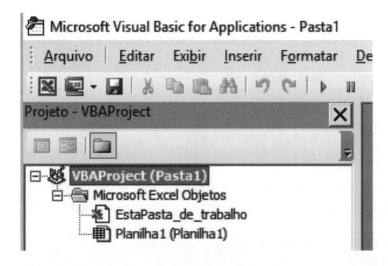

Figura 6.1: Visualização das localizações nas quais serão escritos os eventos

6.2.1. Eventos para pastas de trabalhos

Para produzir um evento de pastas de trabalho, clica-se em *EstaPasta_de_ trabalho*. O VBE passará a ter a forma:

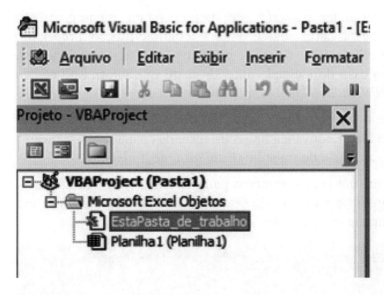

Figura 6.2: Área do VBE para produção de eventos de pastas

Na caixa de seleção do tipo *drop-down* (Geral), clica-se para selecionar *Workbook*. Feito isto, a caixa de seleção (Declaração), que contém os eventos relativos a pastas de trabalho passa a ter o texto *Open*, e no editor de códigos surgirá a sequência de comandos:

```
Private Sub Workbook_Open()


End Sub
```

Esse código está pronto para receber comandos que serão executados no momento em que a pasta for reaberta. Por exemplo, caso o código seja

```
Private Sub Workbook_Open()


MsgBox _
WorksheetFunction.Proper(WeekdayName(Weekday(Now))) & _
Chr(13) & Now


End Sub
```

sempre que a pasta for reaberta, será impressa uma mensagem com o dia da semana, a data atual e a hora atual. A função *Proper*, do objeto **WorksheetFunction**, deixa a primeira letra do texto de seu argumento – no caso do exemplo anterior, texto que retorna do código (*WeekdayName(Weekday(Now))*) – na forma maiúscula.

Na produção dessa primeira macro com eventos, **não** foi inserido nenhum módulo, como é convencional. A listagem de comandos está na área de edição relativa à pasta de trabalho (*EstaPasta_de_trabalho*).

Pode-se definir um evento também para fechamento de pastas. Escolhendo-se *BeforeClose* na caixa de seleção que originalmente mostrava (Declaração), surgem os comandos

```
Private Sub Workbook_BeforeClose(Cancel As Boolean)


End Sub
```

Esse código está esperando comandos que serão executados no momento em que a pasta for fechada. Por exemplo, no código seguinte, o evento *Workbook_BeforeClose* cria uma cópia de segurança do arquivo que representa a pasta de trabalho:

```
Private Sub Workbook_BeforeClose(Cancel As Boolean)
    Nome_bak = ThisWorkbook.Path & "\" & _
    ThisWorkbook.Name & "_BAK.xlsm"
    ThisWorkbook.SaveCopyAs Nome_bak
End Sub
```

É criado um arquivo com o nome original mais o texto "_BAK.xlsm".

O comando *ThisWorkbook.Path* representa o local (diretório) onde se encontra o arquivo. *ThisWorkbook.Name* refere-se ao nome do arquivo. Com *ThisWorkbook.SaveCopyAs*, o arquivo é salvo com o nome definido e armazenado na variável *Nome_bak*.

O código desse evento pode vir também da forma:

```
Private Sub Workbook_BeforeClose(Cancel As Boolean)
    Nome_bak = ThisWorkbook.FullName & "_BAK.xlsm"
    ThisWorkbook.SaveCopyAs Nome_bak
End Sub
```

O comando *ThisWorkbook.FullName* refere-se ao nome "cheio" do arquivo com a sua localização (o diretório onde está contido).

A seguir, um exemplo em que o evento pergunta se uma cópia de segurança deverá ser criada:

```
Private Sub Workbook_BeforeClose(Cancel As Boolean)

sc = MsgBox("Deseja salvar cópia de segurança?", vbYesNo)
    If sc = vbYes Then
        Nome_bak = ThisWorkbook.FullName & "_BAK.xlsm"
```

```
            ThisWorkbook.SaveCopyAs Nome_bak
      End If
End Sub
```

Sobre o argumento do evento *BeforeClose*

O evento *Workbook_BeforeClose* tem um argumento do tipo *booleano*, denominado por *Cancel*. Essa variável é por padrão *"False"* ("Falso" – não ocorre). Caso essa variável passe a ser *"True"*, como indicado no código a seguir, o fechamento do arquivo será bloqueado numa primeira tentativa. A cópia do arquivo, no entanto, será criada.

```
Private Sub Workbook_BeforeClose(Cancel As Boolean)
    Nome_bak = ThisWorkbook.FullName & "_BAK.xlsm"
    ThisWorkbook.SaveCopyAs Nome_bak
    Cancel = True
End Sub
```

No código a seguir, será solicitado um nome para uma cópia da pasta. Se não for informado um nome válido, deixando-se vazia a caixa de texto da função *InputBox*, a pasta não fechará (a atribuição *Cancel = True* cancela o fechamento do arquivo).

```
Private Sub Workbook_BeforeClose(Cancel As Boolean)

Nome_bak = _
InputBox("Digite um nome para sua cópia de segurança:")

If Nome_bak = "" Then
  MsgBox "O arquivo não será fechado"
  Cancel = True
Else
  ThisWorkbook.SaveCopyAs ThisWorkbook.Path & _
  "\" & Nome_bak & "_BAK.xlsm"
End If
```

```
End Sub
```

O trecho desta última listagem

```
If Nome_bak = "" Then
  MsgBox "O arquivo não será fechado"
  Cancel = True
```

pode também ser substituído por

```
Cancel = (Nome_bak = "")
If Cancel = True Then
  MsgBox "O arquivo não será fechado"
```

Outro evento de destaque é o *BeforeSave*. Ele promove alterações, ou exibe informações, antes que a planilha seja salva. No exemplo a seguir, sempre que a planilha for salva, será impressa uma mensagem perguntando se uma cópia de segurança deve ser criada.

```
Private Sub Workbook_BeforeSave(ByVal SaveAsUI As _
Boolean, Cancel As Boolean)

sv = MsgBox("Criar cópia de segurança?", vbYesNo)
    If sv = vbYes Then
    Nome_bak = ThisWorkbook.FullName & "_BAK.xlsm"
    ThisWorkbook.SaveCopyAs Nome_bak
    End If
End Sub
```

Sobre o argumento *SaveAsUI*: para quando se quer tomar alguma ação quando se usa a interface de usuário (*User Interface* – UI) para salvar o arquivo (salvar como).

O padrão da variável é *True* (verdadeiro), assim, no código seguinte será exibida uma mensagem se o usuário usar o salvar como (na interface de usuário). Se a escolha da resposta for negativa, o evento de salvar o arquivo será cancelado, e a sub-rotina, interrompida (*Exit Sub*).

```
Private Sub Workbook_BeforeSave(ByVal _
SaveAsUI As Boolean, Cancel As Boolean)

If SaveAsUI Then
    sv = MsgBox("Você está usando UI. Continua? ", vbYesNo)
    If sv = vbNo Then
        Cancel = True
        Exit Sub
    End If
End If
End Sub
```

Se as linhas de comandos

```
If SaveAsUI Then
sv = MsgBox("Você está usando UI. Continua? ", vbYesNo)
```

forem substituídas por

```
If SaveAsUI = False Then
sv = MsgBox("Você não está usando UI. Continua? ", vbYesNo)
```

a mensagem surgirá quando o usuário tentar salvar a pasta **sem** usar a interface de usuário.

Se o nome da variável *ByVal*, *SaveAsUI*, for substituído por *SaveUI*, o último código funcionará para o evento da interface *Save* (o botão da barra de ferramentas do Excel que salva o arquivo).

6.2.2. Eventos para planilhas

Os eventos para planilhas estarão na área do editor do Excel relativo às planilhas. Então, quando se clica em *Planilha1(Planilha1)*, ou em qualquer uma planilha que já tiver sido criada, as caixas de seleção (Geral) e

(Declaração) aparecerão com os eventos de planilha. Se for escolhida em Geral a opção (única, inclusive) *Worksheet*, o evento *SelectionChange* será automaticamente selecionado, e o seguinte código será escrito no editor:

```
Private Sub Worksheet_SelectionChange(ByVal _
Target As Range)


End Sub
```

Neste evento serão executados automaticamente os comandos da sub-rotina quando uma faixa de células for selecionada. Por exemplo, a impressão, na célula A5, do número de células selecionadas na primeira linha da planilha pode ser feita com a seguinte listagem de comandos:

```
Private Sub Worksheet_SelectionChange(ByVal _
Target As Range)

    If Target.Row = 1 Then
    Cells(5, 1) = Target.Count
    End If

End Sub
```

Target.Row = 1 representa a primeira linha da planilha. Vale ressaltar que, aqui, a seleção pode ter células vazias (sem valores), e elas serão contadas.

As próximas duas linhas de comandos, se substituírem o comando *Cells(5, 1) = Target.Count* no código original, imprimirão em A5 e A6, respectivamente, os valores da primeira e última célula da seleção:

```
Cells(5, 1) = Target.Columns(1)
Cells(6, 1) = Target.Columns(Target.Count)
```

Se o mesmo comando *Cells(5, 1) = Target.Count* for substituído pelo código

```
For i = 1 To Target.Count
```

```
    Cells(3, i) = WorksheetFunction.Large(Target, i)
Next
```

serão impressos na linha 3, em ordem decrescente, os elementos da faixa de células selecionada.

Pode-se também não prender a seleção a uma linha ou coluna. O código a seguir formata a faixa selecionada para que se tenham as células com a fonte em negrito e itálico, com tamanho 18 e de alinhamento horizontal centralizado.

```
Private Sub Worksheet _ SelectionChange(ByVal _
Target As Range)

With Selection
  .Font.Bold = True
  .Font.Italic = True
  .Font.Size = 18
  .HorizontalAlignment = xlCenter
End With

End Sub
```

Essa sub-rotina fará com que toda seleção, em qualquer área da planilha, receba a formatação imposta. Toda e qualquer ação na planilha receberá a formatação da macro. O evento selecionar células (com o mouse ou teclado) passa a ser controlado pela sub-rotina *Worksheet_SelectionChange*. Pode-se limitar o evento a faixas com mais de uma célula. No próximo código, nas seleções individuais de células não serão impostos os formatos da sub-rotina.

```
Private Sub Worksheet _ SelectionChange(ByVal _
Target As Range)
If Target.Rows.Count <> 1 Then
  If Target.Columns.Count <> 1 Then
```

```
    With Selection
        .Font.Bold = True
        .Font.Italic = True
        .Font.Size = 18
        .HorizontalAlignment = xlCenter
    End With
    End If
End If
End Sub
```

No evento *Worksheet_SelectionChange* os comandos são executados quando há uma seleção de células. No evento *Worksheet_Change*, são produzidas ações na planilha quando uma célula tem seu conteúdo modificado.

No primeiro exemplo, a seguir, o preenchimento da célula com um número, por exemplo, fará com que todas as demais células abaixo, na mesma coluna, recebam o valor da célula anterior, mais uma unidade.

```
Private Sub Worksheet_Change(ByVal Target As Range)
    Target.Offset(1, 0) = Target.Offset(0, 0) + 1
End Sub
```

Ou seja, se, por exemplo, for colocado o número 1 na célula C3, o evento fará com que as células C4, C5 etc., recebam os valores 2, 3 etc.

Nessas sub-rotinas em que não há restrição para a célula que será alterada, o processo pode entrar no que é chamado "Loop infinito", quando a execução não para, levando o Excel a ficar sem responder. O exemplo a seguir ilustra isso.

```
Private Sub Worksheet_Change(ByVal Target As Range)
    lin_t = Target.Row
    col_t = Target.Column
    v = Target.Value
    For i = lin_t To lin_t + 5
        Cells(i + 1, col_t) = v + 1
```

```
    Next
End Sub
```

Sempre que uma célula é selecionada pela estrutura *For*, o evento é reiniciado. A macro então está programada para não ter fim. A restrição da faixa de células participantes do evento pode ajudar, como no código:

```
Private Sub Worksheet _ Change(ByVal Target As Range)
If Target.Row = 1 Then
v = Target.Value
 For i = 1 To 5
 Cells(i + 1, Target.Column) = v + 1
 v = v + 1
 Next
End If
End Sub
```

Neste código, se uma célula da primeira linha receber um número, ou o número contido na célula for alterado, as cinco células consecutivas, abaixo da selecionada, receberão um incremento de uma unidade.

A Tabela 6.1 será referência para a próxima listagem de comandos VBA. Ela lista notas de um curso qualquer para um conjunto de quatro alunos. A última coluna contém a média aritmética das notas para cada aluno.

	A	B	C	D	E
1		Notas			Média
2		1	2	3	
3	Augustus	8	4	9	7
4	João	8	8	9,5	8,5
5	Maria	5	5	8	6
6	Silva	10	9	8	9

Tabela 6.1: Dados para a execução da sub-rotina

O código imprimirá na faixa H3:H6 as médias em ordem crescente. Na faixa vizinha, G3:G6, a sequência respectiva dos nomes dos alunos donos de cada média. Esse evento ocorrerá se alguma célula da faixa B3:D6 for alterada.

```vba
Private Sub Worksheet _ Change(ByVal Target As Range)

If Target.Column > 1 And Target.Column < 5 Then
    If Target.Row > 2 And Target.Row < 7 Then

        For i = 3 To 6
        Range("H" & i) = _
        WorksheetFunction.Large(Range("E3:E6"), i - 2)

        posicao = _
        WorksheetFunction.Match(Range("H" & i), _
        Range("E3:E6"), 0)

        Range("G" & i) = Cells(posicao + 2, 1)
        Next
        Target.Activate

    End If
End If
End Sub
```

A próxima tabela mostra o retorno da última sub-rotina, admitindo-se que a tabela tem valores listados após uma alteração qualquer na faixa B3:D6.

	G	H
1		
2		
3	Silva	9
4	João	8,5
5	Augustus	7
6	Maria	6

Tabela 6.2: Execução da última sub-rotina

Este código pode também ser escrito com a função *Sort*:

```
Private Sub Worksheet_Change(ByVal Target As Range)

If Target.Column > 1 And Target.Column < 5 Then
    If Target.Row > 2 And Target.Row < 7 Then

        Range("E3:E6").Copy
        Range("H3:H6").PasteSpecial xlPasteValues

        Range("H3:H6").Sort key1:=Range("H3"), _
        order1:=xlDescending, Header:=xlNo

    For i = 3 To 6
        posicao = _
        WorksheetFunction.Match(Range("H" & i), _
        Range("E3:E6"), 0)

        Range("G" & i) = Cells(posicao + 2, 1)
    Next
```

```
            Target.Activate
        End If
    End If

End Sub
```

Nos dois últimos códigos, verifica-se que, quando há médias iguais, a listagem dos alunos apresenta nomes repetidos. A sub-rotina a seguir corrige esse problema (ou *bug*, já que se trata de uma linguagem de programação).

```
Private Sub Worksheet_Change(ByVal Target As Range)

If Target.Column > 1 And Target.Column < 5 Then
    If Target.Row > 2 And Target.Row < 7 Then

        Range("E3:E6").Copy
        Range("H3:H6").PasteSpecial xlPasteValues

        Range("A3:A6").Copy
        Range("G3:G6").PasteSpecial xlPasteValues

        Range("G3:H6").Sort key1:=Range("H3"), _
        order1:=xlDescending, Header:=xlNo

    Target.Activate

    End If
End If

End Sub
```

6.2.2.1. Eventos de acionamento de botões do mouse ou mouse touchpad

Os eventos *Worksheet_BeforeDoubleClick* e *Worksheet_BeforeRightClick*, eventos de planilha, executarão comandos quando for feito um duplo clique ou clique no botão direito, respectivamente, no mouse (ou mouse *touchpad*).

O código a seguir aplica a formatação de preenchimento em duas outras células, além daquela na qual foi feito o clique no botão direito. As escolhas das novas células são feitas aleatoriamente, dentro da faixa de células A1:E5. Os valores das três células são somados, e o valor da soma é colocado na célula G1. Cada vez que uma célula é selecionada e o botão direito é "clicado", o conteúdo numérico da célula G1 é incrementado, somando-se os novos valores.

```
Private Sub Worksheet _ BeforeRightClick(ByVal Target As _
Range, Cancel As Boolean)

Target.Interior.ColorIndex = 6
valor = Target.Value

For i = 1 To 2
    c = WorksheetFunction.RandBetween(1, 5)
    r = WorksheetFunction.RandBetween(1, 5)
    Cells(r, c).Interior.ColorIndex = 6
    valor = valor + Cells(r, c)
Next

Cells(1, 7) = Cells(1, 7) + valor
Cells(2, 7).Activate

End Sub
```

O comando

```
c = WorksheetFunction.RandBetween(1, 5)
```

atribui a *c* um número inteiro qualquer (aleatório) entre 1 e 5.

O evento termina com a célula G2 ativada.

Neste código, se a célula que sofrer o clique estiver fora da faixa A1:E5, ainda assim a seleção de novas células será feita. Para limitar a seleção à faixa A1:E5, pode-se mudar o código, incluindo

```
If Target.Column > 5 Or Target.Row > 5 Then
    Cancel = True
Else
```

nas primeiras linhas de código, e `End If` na linha imediatamente anterior à do comando de finalização da sub-rotina `End Sub`.

O último código contendo a estrutura *If* pode, alternativamente, vir da forma:

```
If Intersect(Range("A1:E5"), Target) Is Nothing Then
```

Esse comando verifica se há **interseção** entre a faixa A1:E5 e o endereço da célula representado pela variável *Target*. Ou seja, o comando verifica se *Target* faz parte da faixa A1:E5.

Os comandos da listagem seguinte produzem um evento de duplo clique, que deixa a célula na qual é colocada a soma acumulada com o valor zero.

```
Private Sub Worksheet_BeforeDoubleClick(ByVal Target As _
Range, Cancel As Boolean)

If Target = Range("G1") Then
  Target.Value = 0
  Range(Cells(1, 1), Cells(5, 5)).Interior.ColorIndex = 0
  Range("G2").Activate
Else
  Cancel = True
End If

End Sub
```

A sub-rotina também retira a formatação de preenchimento das células da faixa A1:E5 com:

```
Range(Cells(1, 1), Cells(5, 5)).Interior.ColorIndex = 0
```

E esse comando também poderia ser escrito da seguinte forma:

```
Range(Cells(1, 1), Cells(5, 5)).ClearFormats
```

6.2.3. Eventos não associados aos objetos *Workbook* e *Worksheet*

Esses eventos podem ser criados em um módulo qualquer do editor do VBA. Serão mostrados os efeitos dos eventos *OnKey* e *OnTime*.

O evento *OnKey*

O acionamento de algumas teclas leva a diferentes eventos do Excel. O método *OnKey* pode mudar os eventos padrões acionados por algumas teclas. Por exemplo, a tecla *F2*, no Excel, edita o conteúdo da célula. Se a sub-rotina mostrada a seguir for executada, o acionamento de *F2* executará a sub-rotina *new_f2*.

```
Sub aplonk()
    Application.OnKey "{f2}", "new_f2"
End Sub
```

```
Sub new_f2()
MsgBox "Use a barra de edição para modificar o conteúdo."
End Sub
```

Para alguns computadores, o evento de editar a célula é feito com a combinação das teclas *Fn* e *F2* (*Fn* + *F2*). As teclas *Fn* oferecem dois comandos distintos para diversas outras teclas, de acordo com o modelo do dispositivo (computador) usado. O que se tem então é que a sub-rotina *aplonk* está fazendo com que o acionamento conjunto das teclas *Fn* e *F2* (*Fn* + *F2*), passe a executar a sub-rotina *new_f2*.

Pode-se fazer com que a tecla *F2* volte a ter sua função padrão com o seguinte procedimento:

```
Sub aplonrev()
    Application.OnKey "{f2}"
End Sub
```

A tabela seguinte mostra os códigos para cada tecla:

Tecla	Código	Tecla	Código
Backspace	{BACKSPACE} ou {BS}	Insert	{INSERT}
Break	{BREAK}	Seta para a esquerda	{LEFT}
Caps Lock	{CAPSLOCK}	Num Lock	{NUMLOCK}
Clear	{CLEAR}	Page Down	{PGDN}
Delete ou Del	{DELETE} ou {DEL}	Page Up	{PGUP}
Seta para baixo	{DOWN}	Return	{RETURN}
End	{END}	Seta para a direita	{RIGHT}
Enter (teclado numérico)	{ENTER}	Scroll Lock	{SCROLLLOCK}
Enter	~ (til)	Tab	{TAB}
Esc	{ESCAPE} ou {ESC}	Seta para cima	{UP}
Ajuda	{HELP}	F1 a F15	{F1} a {F15}
Home	{HOME}		

Tabela 6.3: Códigos para o teclado do computador

E as combinações de teclas, que são feitas com as teclas *Ctrl*, *Alt* e *Shift*, estão na tabela a seguir.

Para combinar teclas a	Preceda o código de tecla com
Shift	+ (sinal de mais)
Ctrl	^ (circunflexo)
Alt	% (sinal de porcentagem)

Tabela 6.4: Tabela para acionamento combinado de teclas

Essas tabelas foram obtidas em: <https://msdn.microsoft.com/pt-br/library/office/ff197461.aspx>.

Com esses recursos, pode-se, por exemplo, associar uma combinação de células à chamada de uma macro. O código a seguir fará com que a macro *new_SK* possa ser executada com a combinação de teclas *Alt + Q*. O novo atalho se apresenta como uma alternativa ao comando *MacroOptions* que limita as possibilidades das teclas de atalho para a combinação *Ctrl + < tecla >*.

```
Sub chskey()
    Application.OnKey "%{q}", "new _ SK"
End Sub
```

Reforça-se que o atalho funcionará quando a sub-rotina *chskey* for acionada (ela só precisa ser executada uma única vez).

Observa-se que o símbolo "%" não é colocado entre chaves {}.

Para que o atalho seja a combinação *Ctrl + Alt + Q*, o comando é:

```
Application.OnKey "^%{q}", "new _ SK"
```

A sub-rotina a seguir cancela o efeito de *chskey*:

```
Sub r _ chskey()
    Application.OnKey "%{q}"
End Sub
```

O evento *OnTime*

O evento é preparado para ocorrer em um momento específico (em uma hora, ou depois de um certo tempo). No código

```
Sub avisai()
    Application.OnTime TimeValue("16:00:00"), "myavis"
End Sub
```

a sub-rotina executará a macro *myavis* às 16h.

O objeto *Application* também pode ser usado para executar uma macro em um certo momento, contado a partir do instante atual.

```
Application.OnTime Now + TimeValue("01:00:00"), "myavis"
```

Aqui, a sub-rotina *myavis* será executada após uma hora a partir do instante em que é acionada.

Pode-se produzir o aviso com uma mensagem, como, por exemplo, se a sub-rotina *myavis* tiver a listagem a seguir:

```
Sub myavis()
    sh = MsgBox("Hora do compromisso!", vbInformation)
End Sub
```

O código da sub-rotina *myavis* pode, ainda, trazer a opção de escolha entre fechar ou não o Excel:

```
Sub myavis()
    If MsgBox("Compromisso!" & Chr(13) & "fechar ?", _
    vbYesNo) = vbYes Then
            Application.Quit
    End If
End Sub
```

O comando *Application.Quit* é um evento que fecha a pasta de trabalho. Ao responder afirmativamente à questão do *MsgBox*, se a pasta de trabalho já não tiver sido salva, o Excel perguntará se o usuário deseja salvar seu trabalho, para em seguida fechar o aplicativo.

Finalmente, no código a seguir o evento ocorre repetidas vezes (três vezes) em um intervalo de tempo predeterminado (dez segundos), a partir das 21 horas e 17 minutos.

```
Sub avisai()

For i = 10 To 30 Step 10
    Application.OnTime TimeValue("21:17:" & i), _
    "myavis"
Next
End Sub
```

6.3. Elementos do VBA usados no capítulo

A função *Proper* deixa o texto de seu argumento com a primeira letra em maiúsculo:

```
MsgBox WorksheetFunction. _
Proper(WeekdayName(Weekday(Now))) & Chr(13) & Now
```

É criado um arquivo com o nome original da pasta, mais o texto "_BAK.xlsm":

```
Nome_bak = ThisWorkbook.Path & "\" & _
ThisWorkbook.Name & "_BAK.xlsm"
ThisWorkbook.SaveCopyAs Nome_bak
```

A variável *Nome_bak* recebe o nome do arquivo, com sua localização (o diretório no qual está contido):

```
Nome_bak = ThisWorkbook.FullName & "_BAK.xlsm"
```

Cancela o evento que tem em seu argumento a variável *Cancel*:

```
Cancel = True
```

A variável *Cancel* recebe o valor *True* se a variável *Nome_bak* não tiver um valor (um texto):

```
Cancel = (Nome _ bak = "")
If Cancel = True Then
```

A estrutura de decisão faz o código funcionar se a interface de usuário (UI) for usada:

```
If SaveAsUI Then
```

Verifica se a UI está sendo usada:

```
If SaveAsUI = False Then
sv = MsgBox("Você não está usando UI. _
Continua? ", vbYesNo)
```

A faixa de células representada pela variável *Target* está na primeira linha da planilha:

```
Target.Row = 1
```

Respectivamente: número de células, valor da primeira célula e número da última coluna da faixa representada pela variável *Target*:

```
Cells(5, 1) = Target.Count
Cells(5, 1) = Target.Columns(1)
Cells(6, 1) = Target.Columns(Target.Count)
```

I-ésimo maior elemento da faixa representada por *Target*:

```
Cells(3, i) = WorksheetFunction.Large(Target, i)
```

Número de linhas e colunas, respectivamente, de *Target*:

```
Target.Rows.Count
Target.Columns.Count
```

As células inferiores à 1ª célula da coluna 1 da faixa representada por *Target* recebem uma atribuição de uma unidade:

```
Target.Offset(1, 0) = Target.Offset(0, 0) + 1
```

Atribuição do valor contido em *Target* à variável *v*:

```
v = Target.Value
```

Atribui à variável *r* um número inteiro aleatório entre 1 e 5:

```
r = WorksheetFunction.RandBetween(1, 5)
```

Verifica se há interseção entre a faixa A1:E5 e a faixa representada pela variável *Target*:

```
Is Intersect(Range("A1:E5"), Target) Is Nothing _ Then
```

A sub-rotina *new_f2* passa a ser acionada pela tecla *F2*:

```
Application.OnKey "{f2}", "new_f2"
```

A tecla *F2* volta a ter seu evento padrão.

```
Application.OnKey "{f2}"
```

A sub-rotina *new_SK* passa a ser acionada pelas combinações respectivas: *Alt + Q* e *Ctrl + Alt + Q*.

```
Application.OnKey "%{q}", "new_SK"
Application.OnKey "^%{q}", "new_SK"
```

A combinação *Alt + Q* volta a ter seu evento padrão.

```
Application.OnKey "%{q}"
```

A macro *myavis* será executada às 16h:

```
Application.OnTime TimeValue("16:00:00"), "myavis"
```

A macro *myavis* será executada após uma hora em relação ao instante atual:

```
Application.OnTime Now + TimeValue("01:00:00"), _
"myavis"
```

Evento que fecha a pasta de trabalho atual:

```
Application.Quit
```

A sub-rotina *myavis* é executada três vezes em intervalos de dez segundos a partir da 21 horas e 17 minutos:

```
For i = 10 To 30 Step 10
Application.OnTime TimeValue("21:17:" & i), _
"myavis"
Next
```

Gráficos em VBA

Neste capítulo será mostrada a construção dos gráficos mais comuns com os recursos do VBA. Inicialmente, serão feitos plotes de gráficos do tipo dispersão (gráfico linha xy), simples, evoluindo com esses mesmos gráficos até que outros tipos também sejam apresentados. A construção das linhas de tendência será ilustrada com detalhes, por se tratar de uma ferramenta bastante usada em diversas situações. O plote de *Sparklines* também é mostrado, por se tratar de um recurso exclusivo da versão 2016 do Excel.

- Gráficos em VBA
- Minigráficos

7.1. Plote do tipo dispersão

O primeiro plote representa o gráfico de um conjunto de pontos colocados na faixa A2:B11. O código a seguir retornará um gráfico $x - y$, no qual a faixa (ou série) A2:A11 terá os valores da variável x, a variável livre (independente), e a faixa B2:B11 trará os valores da variável dependente, comumente chamada de y. Serão impressos apenas os pontos discretos de y (série B2:B11) para cada x (série A2:A11). O formato padrão de plote gráfico no VBA coloca linhas de grades horizontais e imprime uma legenda à direita que representa o título da série dos valores de y (*série 1*).

```
Sub ExGraf()
    Range("A2:B11").Select
    ActiveSheet.Shapes.AddChart(xlXYScatter).Select
End Sub
```

A Figura 7.1 mostra o plote do gráfico produzido por esse código para o conjunto de pontos exibidos na faixa A2:B11:

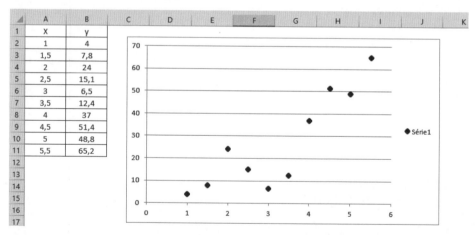

Figura 7.1: Gráfico do tipo dispersão apenas com marcadores

Pode-se ter mais de uma série de valores no plote do gráfico. Se a faixa de dados do código anterior for substituída por

```
Range("A2:C11").Select
```

e houver dados numéricos na faixa C2:C11, o plote de duas séries, com dispersão de pontos discretos apenas, será feito. Aqui toma-se a primeira coluna da faixa A2:C11 como *x*, a variável livre e as duas outras colunas como duas séries de valores que se relacionam com essa variável.

O gráfico de dispersão com uma linha "suave" (com uma *curva suave*) pode ser construído com a substituição do comando

```
ActiveSheet.Shapes.AddChart(xlXYScatter).Select
```

por

```
ActiveSheet.Shapes.AddChart(xlXYScatterSmooth).Select
```

e o novo gráfico terá a forma da Figura 7.2.

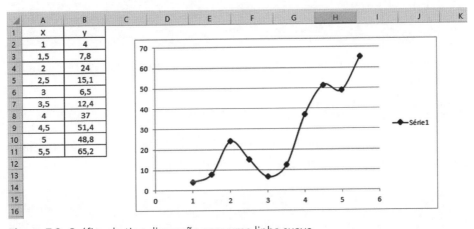

Figura 7.2: Gráfico do tipo dispersão com uma linha suave

7.1.1. Mudando-se o padrão do plote gráfico

Podem-se alterar os padrões dos gráficos que são construídos. A sub-rotina *ExGraf* terá sua listagem modificada com a inclusão dos códigos apresentados a seguir. Esses comandos promoverão mudanças na exibição do gráfico.

```
ActiveChart.HasTitle = True
ActiveChart.ChartTitle.Text = "Gráfico 1"
```

```
ActiveChart.SeriesCollection(1).Name = "Y1"
ActiveChart.SeriesCollection(2).Name = "Y2"
ActiveChart.Axes(xlValue).MajorGridlines.Delete
```

O primeiro par de comandos

```
ActiveChart.HasTitle = True
ActiveChart.ChartTitle.Text = "Gráfico 1"
```

acrescentará à figura o título *"Gráfico 1"*.

As duas séries terão seus nomes alterados, na legenda, para *"Y1"* e *"Y2"*, com os códigos

```
ActiveChart.SeriesCollection(1).Name = "Y1"
ActiveChart.SeriesCollection(2).Name = "Y2"
```

Finalmente, as linhas de grade horizontais serão apagadas com a inclusão do comando

```
ActiveChart.Axes(xlValue).MajorGridlines.Delete
```

Com o propósito de melhorar a organização da *Sub*, os últimos comandos podem vir com a estrutura *With – End With*:

```
With ActiveChart
  .HasTitle = True
  .ChartTitle.Text = "Gráfico 1"
  .SeriesCollection(1).Name = "Y1"
  .SeriesCollection(2).Name = "Y2"
  .Axes(xlValue).MajorGridlines.Delete
End With
```

A impressão do gráfico traz a legenda do lado direito do plote gráfico. Pode-se mudar a posição da legenda, por exemplo, para o topo do gráfico, abaixo do título (se houver um), incluindo-se na estrutura *With – End With* o comando

```
Legend.Position = xlLegendPositionTop
```

Outras posições possíveis para a legenda:

» *xlLegendPositionBottom*: abaixo do plote gráfico;
» *xlLegendPositionCorner*: canto superior direito;
» *xlLegendPositionLeft*: à esquerda do plote gráfico;
» *xlLegendPositionRight*: à direita do plote gráfico.

Quando se quer retirar a legenda, pode-se usar o comando

```
ActiveChart.Legend.Delete
```

7.1.2. Formatos básicos da linha de uma série

Serão mostradas formas de mudar as propriedades da linha de um gráfico. O código a seguir altera algumas dessas propriedades da primeira série, usada na sub-rotina *ExGraf*:

```
ActiveChart.SeriesCollection(1).Select
With Selection
    .Format.Line.Visible = True
    .Format.Line.ForeColor.ObjectThemeColor = 1
    .Format.Line.DashStyle = 2
    .Format.Line.Weight = 2
    .MarkerStyle = 0
End With
```

Neste conjunto de comandos, a linha da série é mantida visível:

```
.Format.Line.Visible = True
```

A linha tem sua cor definida em

```
.Format.Line.ForeColor.ObjectThemeColor = 1
```

Pode-se atribuir uma cor à linha usando-se a codificação RGB, já tratada anteriormente, da seguinte maneira:

```
.Format.Line.ForeColor.RGB = RGB(9, 0, 0)
```

```
.Format.Line.ForeColor.RGB = vbBlack
```

Ambos os comandos atribuem a cor preta à linha que representa a primeira série.

O estilo da linha da série é definido por

```
.Format.Line.DashStyle = 4
```

A codificação respectiva para a propriedade *DashStyle* pode assumir, entre outros, os valores:

1	Linha contínua
2	Pontilhado
4	Tracejado
5	Tracejado e pontilhado (ponto – traço)
6	Tracejado e pontilhado (ponto – ponto – traço)

Tabela 7.1: Formatos para o estilo da linha

Podem-se usar também as mesmas constantes que definem as bordas de uma célula:

» *xlContinuous*: padrão;
» *xlDashDot*: tracejado;
» *xlDashDotDot*: tracejado com a sequência linha – ponto.

O comando que define o estilo da linha pode ser

```
.Format.Line.DashStyle = xlDashDot
```

O código que define a espessura da linha é o seguinte:

```
.Format.Line.DashStyle = 2
```

A espessura foi definida para 2 *pontos*. Essa codificação vai de 0 a 1584 pontos.

Quando se escreve a linha de comando

```
.MarkerStyle = 0
```

retira-se da linha da série o marcador (o símbolo gráfico que "marca" cada ponto do gráfico).

A linha pode também vir sem marcadores se o argumento da função *Add-Chart*, *xlXYScatterSmooth*, for substituído por *xlXYScatterSmoothNoMarkers*.

Os marcadores de uma série de um gráfico podem ser definidos, com relação à cor do primeiro plano, seu tamanho e o estilo do marcador respectivamente, conforme este código:

```
ActiveChart.SeriesCollection(1).Select
With Selection
    .Format.Line.Visible = False
    .MarkerSize = 5
    .MarkerForegroundColor = 1
    .MarkerStyle = 8
End With
```

O tamanho do marcador é representado por uma codificação que vai de 2 a 72.

O estilo do marcador segue a codificação numérica:

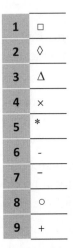

Tabela 7.2: Tipos de marcadores

O comando

```
.Format.Line.Visible = False
```

deixa a série apenas com os marcadores. Ele apaga a linha que une os pontos do gráfico.

7.1.3. Posição do gráfico na planilha

Em todos os exemplos apresentados até agora, a faixa com os dados numéricos está em A2:C11. Os gráficos são impressos em uma posição padrão do Excel, a qual pode ser alterada. Se a linha de comando da sub-rotina *ExGraf*

```
ActiveSheet.Shapes.AddChart(xlXYScatterSmooth).Select
```

for substituída por

```
ActiveSheet.Shapes.AddChart(xlXYScatterSmooth, _
    Left:=Range("F3").Left, _
    Top:=Range("F3").Top, _
    Width:=Range("F3:I4").Width, _
    Height:=Range("F3:F8").Height).Select
```

o gráfico será posicionado na faixa F3:I8.

O comando *Left* indica a coluna em que o gráfico começará. *Left := Range("F3").Left* indica que o gráfico começará na coluna F. Seria o mesmo com *F1, F2, F4* etc.

Analogamente, o comando *Top* definirá em que linha o gráfico começará. *Top := Range("F3").Top* indica que o gráfico começará na linha 3. Seria o mesmo para A3, B3, C3 etc.

Os comandos *Width* e *Height* darão a largura e altura, respectivamente. O gráfico terá a largura de quatro células: de *F* a *I* (*F3:I8*). A altura terá a dimensão de seis células, da linha 3 à linha 8 (*F3:F8*). O resultado seria o mesmo para *B3:B8, C2:C7* etc.

7.1.4. Impressão do gráfico em outra planilha

O gráfico poderá ser impresso em outra planilha. O código a seguir imprime o gráfico em uma nova planilha:

```
Range("A1:C6").Select
ActiveSheet.Shapes.AddChart(xlXYScatterSmooth).Select
ActiveChart.Location Where:=xlLocationAsNewSheet
```

Se essa listagem for executada mais uma vez, em sequência, o interpretador retornará uma mensagem de erro e a planilha ativa passa a ser a planilha do gráfico. Não haverá a faixa A1:C6 com os dados numéricos das séries do gráfico. Isso pode ser corrigido trocando-se o comando

```
Range("A1:C6").Select
```

por

```
Worksheets("Planilha1").Select
ActiveSheet.Range("A1:C6").Select
```

A planilha que conterá o gráfico pode ter seu nome particular modificado para "Graf_02", por exemplo, com o comando:

```
ActiveChart.Location Where:=xlLocationAsNewSheet, _
Name:="Graf _ 02"
```

7.1.5. Modificando padrões dos eixos de um gráfico do tipo dispersão

Os gráficos do tipo dispersão são os mais usados em trabalhos de diversas áreas. Por isso, será mostrada uma maneira de mudar alguns aspectos dos eixos desses gráficos.

A sub-rotina *GDisp* plota um gráfico do tipo dispersão, sem marcadores, cujos valores de sua série estão em A2:B7.

```
Sub GDisp()
Range("A2:B7").Select
```

```
ActiveSheet.Shapes.AddChart(xlXYScatterSmoothNoMarkers). _
Select
ActiveChart.Axes(xlValue).MajorGridlines.Delete
End Sub
```

Os valores da escala do eixo *x*, seus rótulos e marcas das escalas podem ser alterados com a inclusão das linhas de comandos mostrada a seguir. A função de cada comando é colocada nos comentários.

```
ActiveChart.Axes(xlCategory).Select 'Seleção do eixo x
With Selection
 .HasTitle = True
            'Habilita os títulos do gráfico e eixos
 .AxisTitle.Text = "Var X"
            'Atribui ao eixo x o título Var _ X
 .MinimumScale = -3      'Valor máximo
 .MaximumScale = 7       'Valor mínimo
 .MajorUnit = 0.5
            'Marcador principal da escala
 .MinorUnit = 0.1
                'Marcador secundário da escala
                'funciona se tiver marcas de escala definida
 .CrossesAt = -3 'Cruzamento do eixo vertical


 .MajorTickMark = xlCross
    'marca de escala do tipo Cruz (cruzando o eixo x)
            'Outros:    interno(xlInside),
         '             externo (xlOutside) e nenhum(xlNone)


 .MinorTickMark = xlOutside
 'Marca da escala secundária
```

```
        .TickLabelPosition = xlLow 'Posição do rótulo: superior
                'Outras:    inferior(xlLow),
                '           próximo ao eixo(xlNextToAxis)
                '           e nenhum (xlNone)
    End With
```

A padronização do eixo y é análoga, trocando-se o argumento da função *Axes* de *xlCategory* para *xlValue*.

7.2. Outros tipos de gráfico

A sub-rotina *Grafs* desenhará na planilha um **gráfico de colunas agrupadas 2D**.

```
Sub Grafs()
ActiveSheet.Range("A2:B5").Select
ActiveSheet.Shapes.AddChart(xlColumnClustered).Select
    With ActiveChart
            .SeriesCollection(1).Name = "Y1"
            .SeriesCollection(2).Name = "Y2"
            .Axes(xlValue).MajorGridlines.Delete
            .Legend.Position = xlLegendPositionBottom
            .SeriesCollection(1).Interior.Color = vbBlack
            .SeriesCollection(2).Interior.ColorIndex = 15
    End With
End Sub
```

O gráfico terá, em A2:B5, duas séries de dados, A2:A5 e B2:B5, dispostos em colunas, conforme a Figura 7.3.

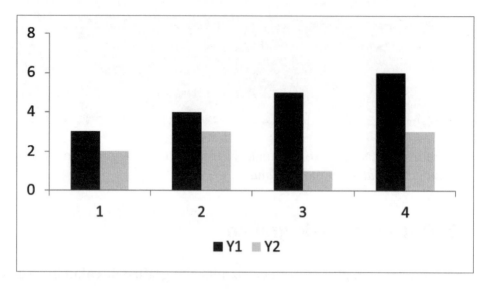

Figura 7.3: Gráfico de barras de duas dimensões

Observa-se a inclusão de comandos que definem as cores internas das séries em preto e cinza, respectivamente.

```
.SeriesCollection(1).Interior.Color = vbBlack
.SeriesCollection(2).Interior.ColorIndex = 15
```

A propriedade *.InteriorColorIndex* traz outras constantes relativas a outras diversas cores: 1 – preto, 2 – branco, 3 – vermelho, 4 – verde-claro, 5 – azul, 6 – amarelo, 7 – rosa, 9 – vermelho, 10 – verde.

Os próximos gráficos serão plotados com o código da sub-rotina *Grafs*, substituindo-se a linha de comando que define o tipo de gráfico.

```
ActiveSheet.Shapes.AddChart(xlColumnClustered).Select
```

Para um **gráfico de colunas agrupadas 3D** (equivalente a *xlColumnClustered*):

```
ActiveSheet.Shapes.AddChart(xl3DColumnClustered).Select
```

Para os **gráficos em barras** (colunas horizontais) em 2D e 3D, respectivamente:

```
ActiveSheet.Shapes.AddChart(xlBarClustered).Select
```

```
ActiveSheet.Shapes.AddChart(xl3DBarClustered).Select
```

Os **gráficos de colunas e barras empilhadas** podem ser construídos com a substituição do argumento da função *AddChart* por *xlColumnStacked* e *xlBarStacked*, respectivamente. Para exibição em 3D: *xl3DColumnStacked* e *xl3DBarStacked*. Para um gráfico de linhas, no qual os valores das séries nos gráficos são unidos por uma linha, sem a relação $x - y$ dos gráficos de dispersão, o argumento da função *AddChart* poderá ser *xlLine* ou *xl3DLine*. Nesse caso, a definição das cores das linhas seria feita com os comandos

```
.SeriesCollection(1).Format.Line.ForeColor.RGB = vbBlack
.SeriesCollection(2).Format.Line.ForeColor.RGB = vbGrey
```

Os **gráficos de áreas** podem ser feitos com os argumentos *xlArea* ou *xl3DArea*. Os **gráficos de áreas empilhadas** podem ser feitos com os argumentos *xlAreaStacked* ou *xl3DAreaStacked*. A formatação das cores pode ser a usada como na sub-rotina *Grafs* inicial.

A sub-rotina *GAreas* constrói um gráfico de área. A construção de um gráfico de áreas empilhadas pode ser feita com a substituição do argumento da função *AddChart* de *xlArea* por *xlAreaStacked*.

```
Sub GAreas()
Range("A1:B6").Select
ActiveSheet.Shapes.AddChart(xlArea). _
Select
ActiveChart.Axes(xlValue).MajorGridlines.Delete
With ActiveChart
  .SeriesCollection(1).Interior.Color = vbBlack
  .SeriesCollection(2).Interior.ColorIndex = 15
End With
End Sub
```

A Figura 7.4 mostra os gráficos construídos para o conjunto de pontos da faixa A1:B6. O gráfico mais à esquerda foi produzido com o argumento *xlArea*, enquanto que o outro foi feito com o argumento *xlAreaStacked*.

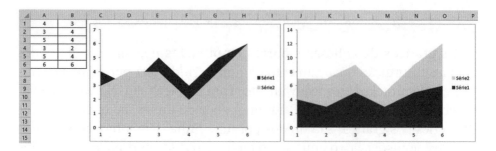

Figura 7.4: Gráficos de área

No gráfico de áreas empilhadas, o limite superior da série 2 é determinado numericamente pela soma dos valores das séries a cada ponto.

Gráfico tipo pizza

Para esses gráficos, serão usados os dados da Tabela 7.2, a qual lista a venda de um certo produto (Produto 1) e de todos os outros produtos de uma loja hipotética.

	A	B	C
1		Vendas	
2	Produto 1	27	
3	Outros	85	

Tabela 7.2: Listagem de vendas de um produto hipotético

O código desenhará um gráfico tipo pizza simples:

```
Sub GrafsPie()
ActiveSheet.Range("A1:B3").Select
ActiveSheet.Shapes.AddChart(xlPie).Select
End Sub
```

O gráfico resultante está mostrado na Figura 7.5.

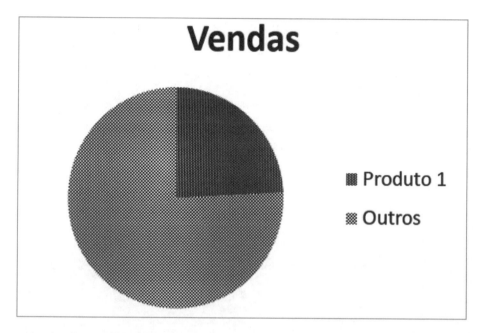

Figura 7.5: Gráfico do tipo pizza

Observa-se que o título e a legenda vieram da tabela. Os padrões de cores das áreas são escolhidos automaticamente.

O próximo código é incluído na sub-rotina *GrafsPie* para modificar os padrões de cores e a localização da legenda.

```
With ActiveChart
    .FullSeriesCollection(1).Points(1).Interior.Color = vbBlack
    .FullSeriesCollection(1).Points(2).Interior.ColorIndex = 15
    .Legend.Position = xlLegendPositionTop
End With
```

As cores das áreas que representam o montante de vendas de cada opção mudam para preto e cinza. A legenda vai para o topo da figura.

Pode-se fazer com que os valores das vendas surjam nas áreas com a inclusão das seguintes listagens de comandos:

```
ActiveChart.FullSeriesCollection(1).ApplyDataLabels
ActiveChart.FullSeriesCollection(1).DataLabels.Select
Selection.ShowPercentage = True
Selection.ShowValue = False
```

Os rótulos que surgem nas áreas representam os valores percentuais das vendas. O valor absoluto pode também ser impresso se o comando *Selection.ShowValue = False* passar a ser *Selection.ShowValue = True*.

Agora, os rótulos de dados, nas "fatias" do gráfico, terão sua fonte formatada na cor branca, em negrito e com tamanho 16, com a inclusão do código

```
With Selection.Format.TextFrame2.TextRange.Font
  .Fill.ForeColor.RGB = vbWhite
  .Size = 16
  .Bold = True
End With
```

A Figura 7.6 representa o gráfico resultante.

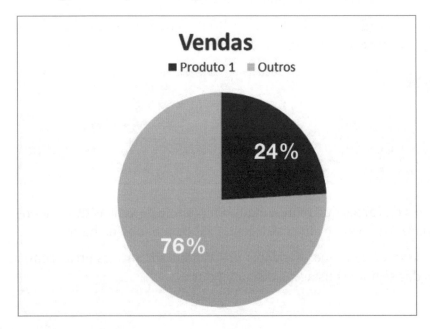

Figura 7.6: Gráfico do tipo pizza com rótulos

Pode-se usar um código que traga o plote de gráficos pizza com formatação predefinida, indicada pelo comando *ActiveChart.ChartStyle*. A listagem é colocada a seguir.

```
Sub graf_pie()
    ActiveSheet.Range("A1:B3").Select
    ActiveSheet.Shapes.AddChart(xlPie).Select
    ActiveChart.ChartStyle = 260
End Sub
```

Esse código produz o gráfico da Figura 7.7.

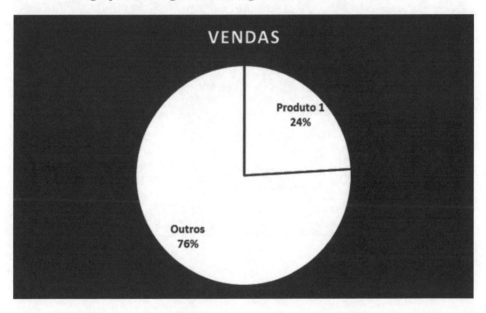

Figura 7.7: Gráfico com padronização modificada

A constante da propriedade *ChartStyle* varia de 251 a 263.

Os gráficos pizza também podem ser impressos em formato 3D: *xl-3DPie* e no tipo "rosca": *xlDoughnut*.

A sub-rotina *GRosca* produz um gráfico do tipo rosca, mostrado na Figura 7.8. A tabela de valores é a mesma usada em todos os gráficos do tipo pizza.

```vba
Sub GRosca()
ActiveSheet.Range("A1:B3").Select
ActiveSheet.Shapes.AddChart(xlDoughnut).Select

With ActiveChart
.FullSeriesCollection(1).Points(1).Interior.Color = vbBlack
.FullSeriesCollection(1).Points(2).Interior.ColorIndex = 15
.FullSeriesCollection(1).ApplyDataLabels
.FullSeriesCollection(1).DataLabels.ShowPercentage = True
.FullSeriesCollection(1).DataLabels.ShowValue = False
.Legend.Position = xlLegendPositionTop
End With

ActiveChart.FullSeriesCollection(1).DataLabels.Select
With Selection.Format.TextFrame2.TextRange.Font
 .Fill.ForeColor.RGB = vbWhite
 .Size = 16
 .Bold = True
End With
End Sub
```

O gráfico resultante está na Figura 7.8.

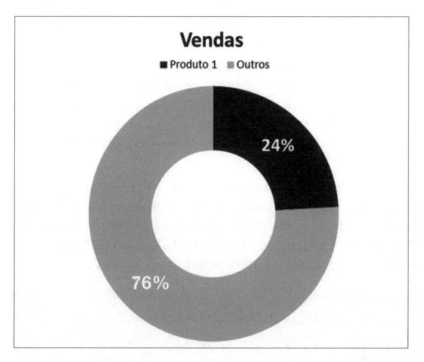

Figura 7.8: Gráfico do tipo rosca

7.3. Trabalhando com linha de tendência (*Trendlines*)

As *Trendlines* exibem gráficos com tendências em dados e podem ser consideradas ajustes (aproximações) de dados a funções predeterminadas. Esses ajustes permitem estimar valores dentro de um intervalo de dados conhecido, a chamada interpolação. Uma linha de tendência também pode ser estendida, além do intervalo de dados conhecido, para estimativa de valores "futuros" ou "antecessores". Esse processo é conhecido como extrapolação.

O exemplo mais básico de ajuste de curvas a um conjunto de dados é a regressão linear. Dado um conjunto de valores dispostos em uma tabela de pontos que representam valores de uma função qualquer, pode-se escrever a equação de reta $y = ax + b$, que melhor se ajusta aos pontos dados. No VBA, os coeficientes da regressão a (coeficiente angular – inclinação da reta) e b (interseção da reta com o eixo vertical do sistema de eixos usado, geralmente sistema $x - y$) são dados pelas funções *Slope* e *Intercept*, respectivamente. A qualidade do ajuste pode ser medida pelo "quadrado do coeficiente de correlação do momento do produto de Pearson", que é uma medida estatística conhecida por R^2 (*R-Quadrado*). Quanto mais próximo de 1 for o valor de R^2, melhor o ajuste (linear ou outros). A função VBA que retorna o valor do R^2 é a *RSq*.

O código a seguir toma valores em pares ordenados (x, y), que representam pontos de uma função, e calcula os coeficientes da regressão linear. A equação é impressa na célula A9, e o R^2, em A10. Os valores calculados pela equação da regressão linear, para cada valor da faixa A2:A7, são impressos em C2:C7. Em todos os cálculos foram usadas quatro casas decimais.

```
Sub rlin()
inclina = Round(WorksheetFunction.Slope(Range("B2:B7"), _
Range("A2:A7")), 4)
Intercepta = Round(WorksheetFunction.Intercept(Range _
("B2:B7"),Range("A2:A7")), 4)
rquadrado = Round(WorksheetFunction.RSq(Range("B2:B7"), _
Range("A2:A7")), 4)

For i = 2 To 7
    Cells(i, 3) = _
    Round(inclina * Cells(i, 1) + intercepta, 4)
Next

Cells(9, 1) = "y = " & inclina & "x+(" & intercepta & ")"
Cells(10, 1) = "R-Quadrado = " & Round(rquadrado, 4)
End Sub
```

A figura a seguir mostra a tabela resultante da execução da sub-rotina *rlin*.

	A	B	C
1	x	y	
2	1	1	1,4524
3	2	4	3,4381
4	3	5,5	5,4238
5	4	7	7,4095
6	5	10	9,3952
7	6	11	11,3809
8			
9	y = 1,9857x+(-0,5333)		
10	R-Quadrado = 0,9828		

Figura 7.9: Regressão linear para um conjunto de dados x – y

Agora, com a sub-rotina dada a seguir, é feito o plote gráfico para as duas faixas de dados B2:B7 e C2:D7, tendo como valores independentes (a variável *x* da função $y = y(x)$) a faixa A2:A7.

```
Sub grafrlin()

Worksheets("Planilha1").Select
ActiveSheet.Range("A2:C7").Select
ActiveSheet.Shapes.AddChart(xlXYScatterSmooth).Select

With ActiveChart
  .HasTitle = True
  .ChartTitle.Text = "Ajuste linear"
  .Axes(xlValue).MajorGridlines.Delete
  .Legend.Position = xlLegendPositionBottom
End With
```

```
With ActiveChart.SeriesCollection(1)
  .Name = "Y"
  .Format.Line.Visible = False
  .MarkerSize = 6
  .MarkerStyle = 8
  .MarkerForegroundColor = vbBlack
  .MarkerBackgroundColor = vbWhite
End With

With ActiveChart.SeriesCollection(2)
  .Name = "Y_rlin"
  .Format.Line.Visible = True
  .MarkerStyle = 0
  .Format.Line.ForeColor.RGB = vbBlack
End With
End Sub
```

O gráfico resultante da execução da sub-rotina *grafrlin* é mostrado na Figura 7.10.

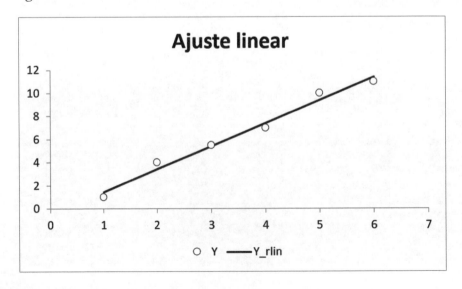

Figura 7.10: Gráfico com um ajuste do tipo linear

A linha de tendência mostrada na última figura pode ser feita com funções próprias do VBA. As *Trendlines* fazem ajustes gráficos do tipo linear, exponencial e outros.

Nos próximos exemplos será usada a tabela de dados:

x	1	1,5	2	2,5	3	3,5	4	4,5	5	5,5
y	4	7,8	24	15,1	6,5	12,4	37	51,4	48,8	65,2

Tabela 7.3: Dados para ajustes gráficos

com os valores de *x* distribuídos na faixa vertical A2:A11, e os valores de *y*, em B2:B11. O conjunto de dados está então em A1:B11.

A adição básica do ajuste linear pode ser feita com o código

```
Sub graftrend()
Range("A2:B11").Select
ActiveSheet.Shapes.AddChart(xlXYScatter).Select
ActiveChart.FullSeriesCollection(1).Trendlines.Add
ActiveChart.FullSeriesCollection(1).Trendlines(1).Select
Selection.Type = xlLinear
End Sub
```

O comando

```
ActiveChart.FullSeriesCollection(1).Trendlines.Add
```

adiciona uma linha de tendência para a série 1 do gráfico criado.

Com

```
ActiveChart.FullSeriesCollection(1).Trendlines(1).Select
Selection.Type = xlLinear
```

é impressa a linha de tendência do tipo linear

É produzido o gráfico mostrado na Figura 7.11.

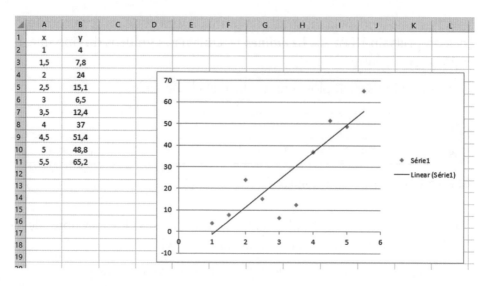

Figura 7.11: Gráfico com ajuste linear

Na sub-rotina podem-se inserir formatações diversas para as séries do gráfico. Por exemplo, seja a listagem de uma sub-rotina com alguns aspectos de formatação:

```
Sub formagraf(tit)
With ActiveChart
  .HasTitle = True
  .ChartTitle.Text = tit
  .Axes(xlValue).MajorGridlines.Delete
  .Legend.Position = xlLegendPositionBottom
End With
With ActiveChart.SeriesCollection(1)
  .Name = "Y"
  .Format.Line.Visible = False
  .MarkerSize = 6
  .MarkerStyle = 8
  .MarkerForegroundColor = vbBlack
  .MarkerBackgroundColor = vbWhite
```

```
End With

With ActiveChart.FullSeriesCollection(1).Trendlines(1)
  .Name = "Y _ Trend"
  .Format.Line.Visible = True
  .Format.Line.ForeColor.RGB = vbBlack
End With
End Sub
```

Essa sub-rotina aplica formatações particulares às séries.

Observa-se que ela vem com um argumento que define o título do gráfico (*tit*). Assim, ela pode ser usada na sub-rotina *graftrend* com o código

```
Call formagraf("Ajuste linear")
```

na linha imediatamente antes de seu final (comando *End Sub*). O gráfico produzido está na Figura 7.12.

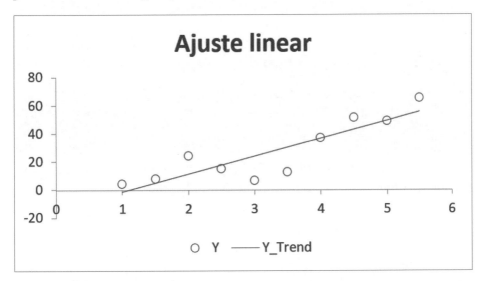

Figura 7.12: Mudança na formatação do gráfico com ajuste linear

A equação do ajuste e o R^2 podem estar no gráfico com a inserção na sub-rotina *graftrend* dos comandos

```
Selection.DisplayEquation = True
Selection.DisplayRSquared = True
ActiveChart.FullSeriesCollection(1).Trendlines(1). _
DataLabel.Select
Selection.Left = 250
Selection.Top = xlTop
```

Surgirão no topo do gráfico e à direita a equação e o valor do R^2, conforme a seguir:

$$y = 12,694x - 14,002$$
$$R^2 = 0,7697$$

Observa-se que o valor do *R-quadrado* está afastado do valor 1. A interpolação linear, portanto, pode não ser considerada satisfatória em relação a outras. Por exemplo, para fazer um ajuste polinomial, com um polinômio de grau 3, substitui-se na sub-rotina *graftrend* a linha de código

```
Selection.Type = xlLinear
```

por

```
With Selection
    .Type = xlPolynomial
    .Order = 3
End With
```

O gráfico mostrado na Figura 7.13 representa a linha de tendência polinomial de grau 3 (ajuste com um polinômio de grau 3).

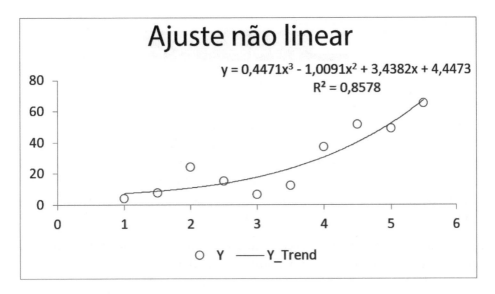

Figura 7.13: Ajuste polinomial com um polinômio de grau 3

Observa-se que o valor de R^2 ficou mais próximo de 1 em relação ao valor encontrado na regressão linear.

A seguir, listam-se outras possibilidades de aplicação de linha de tendência. Como no ajuste polinomial, para os próximos ajustes, é feita a substituição do comando *Selection.Type = xlLinear* na sub-rotina *graftrend*.

Linha de tendência logarítmica:

```
Selection.Type = xlLogarithmic
```

Linha de tendência exponencial:

```
Selection.Type = xlExponential
```

Linha de tendência de potência:

```
Selection.Type = xlPower
```

Essa *Trendline* é uma linha curva que aumenta de acordo com o crescimento (com uma taxa de crescimento específica) dos dados interpolados.

Linha de tendência pela média móvel:

```
With Selection
    .Type = xlMovingAvg
    .Period = 2
End With
```

Essa linha de tendência de média móvel suaviza flutuações em dados para mostrar um padrão ou tendência do grupo de pontos da função interpolada. Usa-se um número específico de pontos de dados, o período, para determinar a média e fazê-la de um ponto da linha de tendência. Então, se o período for 2, a cada dois pontos da curva será calculada a média, e esse conjunto de médias formará a linha de tendência.

O leitor poderá aplicar essas mudanças na sub-rotina *graftrend* para visualizar o gráfico de cada nova linha de tendência.

7.4. Plotando-se minigráficos (*Sparklines*)

Os gráficos mostrados nas seções anteriores abrem uma janela particular para sua exibição, ou abrem uma planilha própria, exclusiva para seu plote. As *Sparklines* (minigráficos) são gráficos construídos nas células (linhas e colunas) da planilha. É um recurso exclusivo do Excel 2016.

A tabela da Figura 7.14 será a referência para a construção das *Sparklines*.

	A	B	C	D	E	F
1		2014	2015			
2	1	1485	1000			
3	2	897	-1000			
4	3	-2600	2241			
5	4	1308	2747			
6	5	1426	1146			
7	6	1095	2118			
8	7	-3000	-2577			
9	8	1180	2793			
10	9	608	-3000			
11	10	823	2500			

Figura 7.14: Tabela referência para construção das *Sparklines*

GRÁFICOS EM VBA

O código plota a sequência de dados da faixa B2:B1, como um gráfico linha na célula F2.

```
Sub criasparkline()
Range("F2").SparklineGroups.Add _
    Type:=xlSparkLine, _
    SourceData:="B2:B11"
End Sub
```

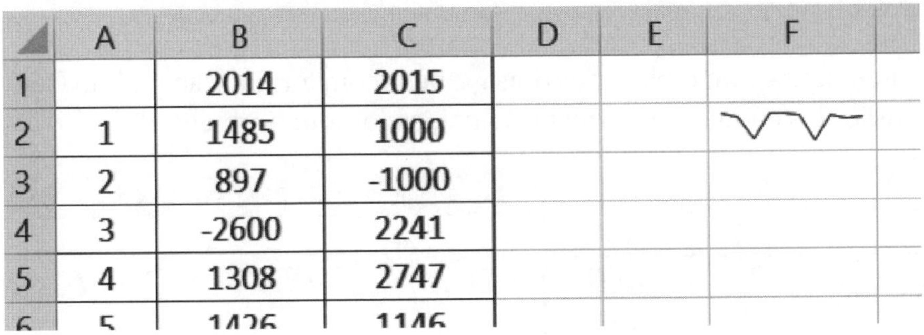

▲	A	B	C	D	E	F
1		2014	2015			
2	1	1485	1000			∨∨
3	2	897	-1000			
4	3	-2600	2241			
5	4	1308	2747			
6	5	1426	1146			

Figura 7.15: Minigráfico plotado na célula F2

Pode-se produzir um segundo gráfico em G2 incluindo-se na sub-rotina *criasparkline* o código

```
Range("G2").SparklineGroups.Add _
    Type:=xlSparkLine, _
    SourceData:="C2:C11"
```

A inclusão de marcadores no gráfico da célula F2 pode ser feita da seguinte forma:

```
Range("F2").SparklineGroups.Item(1). _
Points.Markers.Visible = True
```

Os marcadores podem vir apenas no maior e menor valor da série, com o código (para o gráfico em G2)

```
Range("G2").SparklineGroups.Item(1). _
```

```
Points.Highpoint.Visible = True
Range("G2").SparklineGroups.Item(1). _
Points.Lowpoint.Visible = True
```

Os plotes dos gráficos em F2 e G2 podem ser feitos com um único comando:

```
Range("F2:G2").SparklineGroups.Add _
    Type:=xlSparkLine, _
    SourceData:="B2:C11"
```

Segue figura com o plote dos dois gráficos com formatação padrão (sem a inclusão dos códigos de formatação colocados anteriormente).

	A	B	C	D	E	F	G
1		2014	2015				
2	1	1485	1000				
3	2	897	-1000				
4	3	-2600	2241				

Figura 7.16: Plote dos gráficos relativos aos dados das colunas B e C

Qualquer formatação incluída no código ocorre para os gráficos nas duas células simultaneamente. Para a formatação apenas no gráfico de G2, por exemplo, incluindo-se marcadores, pode-se proceder da seguinte maneira:

```
Range("F2:G2").SparklineGroups.Ungroup
Range("G2").SparklineGroups.Item(1). _
Points.Markers.Visible = True
```

ou

```
Range("F2:G2").SparklineGroups.Ungroup
Range("F2:G2").SparklineGroups.Item(2). _
Points.Markers.Visible = True
```

Colocando-se os minigráficos em outra planilha

Com o objetivo de dar mais organização às pastas de trabalho, pode-se fazer os plotes em outra planilha.

```
Sub SparkNewSheet()
Range("Planilha2!B2:C2").SparklineGroups.Add _
Type:=xlSparkLine, _
SourceData:="Planilha1!B2:C11"
End Sub
```

No código anterior, supõe-se que haja uma segunda planilha e os nomes padrão *Planilha1* e *Planilha2*. Os gráficos podem ficar mais visíveis aumentando-se as dimensões das células. Por exemplo, incluindo-se no código

```
With Range("Planilha2!B2:C2")
    .ColumnWidth = 30
    .RowHeight = 60
End With
```

A figura mostra o plote das *Sparklines* em uma planilha própria.

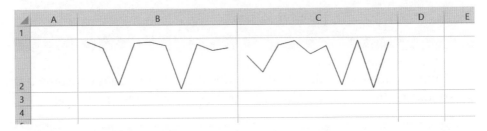

Figura 7.17: Gráficos plotados em outra planilha

Os gráficos têm suas escalas próprias, em cada célula (B2 e C2). Para deixá-los com uma mesma escala, pode-se incluir a sequência de comandos

```
With Range("Planilha2!B2:C2").SparklineGroups.Item(1)
    .Axes.Vertical.MinScaleType = xlSparkScaleGroup
    .Axes.Vertical.MaxScaleType = xlSparkScaleGroup
End With
```

Considerando-se agora incluir outros novos comandos na sub-rotina *SparkNewSheet*:

```
Range("Planilha2!B2:C2").Select
Selection.SparklineGroups.Item(1). _
Points.Lastpoint.Visible = True
Selection.SparklineGroups.Item(1). _
Points.Firstpoint.Visible = True
```

Aqui incluem-se marcadores para o último e primeiro valor, respectivamente.

```
Selection.SparklineGroups.Item(1). _
Points.Markers.Visible = True
Selection.SparklineGroups.Item(1). _
SeriesColor.Color = vbBlack
Selection.SparklineGroups.Item(1). _
Points.Markers.Color.Color = vbYellow
```

Modificando-se as cores da linha e dos marcadores, com constantes já mostradas no livro. Neste caso, linha preta e marcadores amarelos.

```
Range("Planilha2!B2:C2").SparklineGroups.Item(1) _
.Axes.Horizontal.Axis.Visible = True
```

Inclui-se um eixo horizontal.

Lembrando-se: a formatação das células que contêm os gráficos pode seguir formas já ilustradas nesta obra. Por exemplo, para deixar a faixa de células que contêm o gráfico com um preenchimento na cor ciano:

```
Selection.Interior.Color = vbCyan
```

Outros tipos para minigráficos

Para um **gráfico coluna**, substitui-se *xlSparkLine* por *xlSparkColumn*. O código a seguir faz o plote em colunas dos dados da tabela da Figura 7.14, na segunda planilha da pasta.

```
Sub SparkNewSheet()
Range("Planilha2!B2:C2").SparklineGroups.Add _
  Type:=xlSparkColumn, _
  SourceData:="Planilha1!B2:C11"

With Range("Planilha2!B2:C2")
  .ColumnWidth = 30
  .RowHeight = 60
End With

With Range("Planilha2!B2:C2").SparklineGroups.Item(1)
  .Axes.Vertical.MinScaleType = xlSparkScaleGroup
  .Axes.Vertical.MaxScaleType = xlSparkScaleGroup
End With

Range("Planilha2!B2:C2").Select
Selection.SparklineGroups.Item(1). _
SeriesColor.Color = vbBlack
Selection.SparklineGroups.Item(1). _
Axes.Horizontal.Axis.Visible = True
End Sub
```

Figura 7.18: Minigráficos em forma de colunas

Um **gráfico de *perdas e ganhos*** pode ser montado trocando-se *xlSpark-Column* por *xlSparkColumnStacked*. Esse tipo de gráfico põe colunas para os valores positivos acima do eixo horizontal, enquanto que os negativos são representados por colunas abaixo do eixo horizontal. O código da sub-rotina *SparkNewSheet* para um gráfico de perdas e ganhos produz um gráfico no qual a cor das colunas dos dados negativos é diferente, mesmo tendo sido definida a cor da série como preto. Para deixar os negativos com a mesma cor, pode-se usar o comando:

```
Selection.SparklineGroups.Item(1). _
Points.Negative.Visible = False
```

O gráfico resultante está na Figura 7.19.

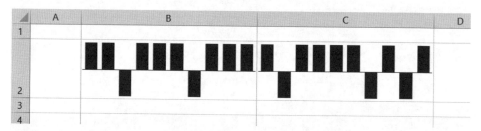

Figura 7.19: Gráfico de perdas e ganhos

Formulários em VBA

CAPÍTULO 8

Este capítulo mostra meios de construção de caixas de diálogos personalizadas, ou formulários, as chamadas *UserForm*. Os formulários constituem de uma ferramenta gráfica que ajuda o usuário na obtenção de informações e exibição de mensagens, com uma interface particular, assemelhando as macros criadas às caixas de diálogos próprias do Excel.

- Construção de formulários em VBA

8.1. Controles de formulários para acionar macros

Para mostrar como associar uma macro a um controle de formulário, será usada uma planilha obtida de um modelo do Excel do Office 365 da Microsoft, mostrada na Figura 8.1.

	A	B	C	D	E	F	G	H	I
1	Produto	Cliente	Tri 1	Tri 2	Tri 3	Tri 4			
2	Alice Mutton	ERNSH	R$ 1.123,20	R$ -	R$ -	R$ 2.607,15		Cliente:	
3	Boston Crab Meat	ANTON	R$ -	R$ 165,60	R$ -	R$ -		Compras no ano:	
4	Boston Crab Meat	BERGS	R$ -	R$ 920,00	R$ -	R$ -			
5	Gorgonzola Telino	TORTU	R$ -	R$ 250,00	R$ -	R$ -			
6	Gorgonzola Telino	WARTH	R$ -	R$ 375,00	R$ -	R$ -			
7	Ipoh Coffee	ANTON	R$ -	R$ 586,50	R$ -	R$ -			
8	Ipoh Coffee	BERGS	R$ -	R$ 2.760,00	R$ -	R$ -			
9	Ipoh Coffee	FURIB	R$ 110,40	R$ -	R$ 150,00	R$ -			
10	Longlife Tofu	QUICK	R$ 120,00	R$ -	R$ -	R$ -			
11	Longlife Tofu	VICTE	R$ -	R$ -	R$ -	R$ 112,50			
12	Mozzarella di Giovanni	SIMOB	R$ -	R$ 835,20	R$ -	R$ -			
13	Mozzarella di Giovanni	VICTE	R$ 1.112,00	R$ -	R$ -	R$ -			
14	Ravioli Angelo	BONAP	R$ -	R$ -	R$ -	R$ 204,75			
15	Ravioli Angelo	BSBEV	R$ -	R$ 117,00	R$ -	R$ -			
16	Ravioli Angelo	PICCO	R$ -	R$ -	R$ 390,00	R$ -			
17	Ravioli Angelo	TORTU	R$ 187,20	R$ -	R$ -	R$ -			
18	pasta vegetariana	HUNGO	R$ 921,37	R$ -	R$ -	R$ -			
19	pasta vegetariana	BONAP	R$ -	R$ 263,40	R$ -	R$ -			
20	pasta vegetariana	PICCO	R$ -	R$ -	R$ -	R$ 395,10			
21	pasta vegetariana	WHITC	R$ -	R$ -	R$ 842,88	R$ -			

Figura 8.1: Tabela de dados para a criação de formulários

Tem-se aqui uma tabela que associa produtos e clientes consumidores desses produtos e suas compras em cada trimestre de um ano hipotético.

Será produzido um controle de usuário, na forma de um botão de comando, para ler o texto da célula I2, que deve se referir a um dos clientes listados na faixa B2:B21, e calcular o valor total das compras desse cliente para todos os produtos no ano.

Para inserir o botão, escolhe-se a aba "Desenvolvedor", seguida de "Inserir". Surgirá um quadro com os controles de usuários, como ilustra a Figura 8.2.

Formulários em VBA

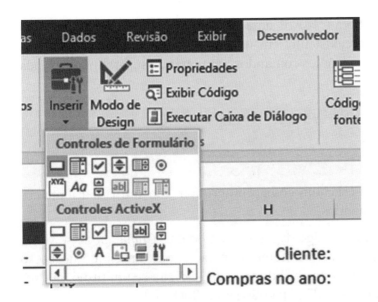

Figura 8.2: Caixa de inserção de controles de formulários

O botão de controle selecionado na figura é colocado na planilha arrastando-o e expandindo-o, como na seleção de uma faixa de células de uma planilha. Nesse momento, surge um quadro equivalente ao da Figura 8.3.

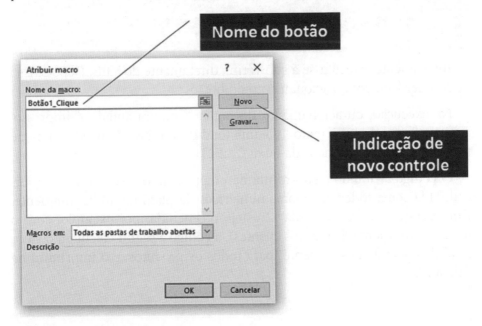

Figura 8.3: Atribuição de uma macro a um botão de controle

Ao se acionar o botão "Novo", abre-se o editor do VBA (se não for escolhida uma macro preexistente) em um módulo criado automaticamente. Na área de edição, estarão os comandos limitantes da sub-rotina associada ao botão:

```
Sub Botão1 _ Clique()


End Sub
```

Agora é possível criar um código próprio ou usar um já existente copiando-se seus comandos.

Antes de mostrar o código da sub-rotina *Botão1_Clique*, pode-se voltar à planilha ativa para dar um nome ao botão. Com um clique no botão direito do mouse, seleciona-se "Editar Texto" e digita-se um título, ou "rótulo", como "Compra anual" (o padrão seria "Botão 1").

Consideremos a listagem de comandos a seguir como sendo da sub-rotina atual:

```
Sub Botão1 _ Clique()
    soma = WorksheetFunction.Sum(Range("C2: F21"))
    Cells(5, 9) = "Volume total de vendas = " & soma
End Sub
```

Inicialmente, executa-se a sub-rotina diretamente do VBE. Depois, isso poderá ser feito com o acionamento do botão.

Na execução, ou acionamento do botão "Compra anual", é impresso, a partir da célula I5, o texto "Volume total de vendas =", mais a soma de todos os valores numéricos da faixa C2:F21.

O código atribuído à sub-rotina não representa o objetivo inicial indicado. Ela soma todos os valores numéricos da planilha, indistintamente. Considerando-se que a célula I2 esteja preenchida, por exemplo, com o texto "tortu" (nome de um dos clientes), o código a seguir calculará o valor total de compras desse cliente, para todos os produtos, e o imprimirá na célula I3.

```
Sub Botão1 _ Clique()
cliente = UCase(Range("I2"))
LinhaFim = Cells(Rows.Count, 2).End(xlUp).Row
Cells(3, 9).Clear
soma = 0
For i = 2 To LinhaFim
  If Cells(i, 2) = cliente Then
    soma = soma + WorksheetFunction. _
        Sum(Range(Cells(i, 3), Cells(i, 6)))
  End If
Next
Cells(3, 9) = soma
End Sub
```

Nesse código é recebido o nome do cliente pela função *Ucase*. Se o texto digitado na célula I2 não estiver em maiúsculo, como todos os nomes dos clientes listados na faixa A2:A21, a função o deixará com esse formato.

A variável *LinhaFim* equivale, pelo comando que a define, ao valor numérico que representa a última linha não vazia da segunda coluna da planilha ativa.

Se, em I2, for digitado "tortu", quando o botão "Compra anual" for acionado, a célula I3 receberá o valor 437,2, como na Figura 8.4.

Figura 8.4: Retorno da macro associada ao botão "Compra anual"

Acrescentando-se à sub-rotina o comando

```
Cells(3, 9).NumberFormat = "$ #,##0.00"
```

a impressão em I3 será: *R$ 437,20*. O espaçamento entre $ e o 1º # do comando refletirá no espaço entre *R$* e *437,20*.

Insere-se agora um **novo botão**, com o rótulo "Lista de clientes". Se o código relativo a esse controle for o listado a seguir, sua execução imprimirá a partir da célula I7 os nomes dos clientes em ordem alfabética.

```
Sub Botão2_Clique()
LinhaFim = Cells(Rows.Count, 2).End(xlUp).Row
Cells(7, 9) = Cells(2, 2)
j = 0
For i = 1 To LinhaFim
proc = WorksheetFunction.CountIf _
(Range(Cells(7, 9), Cells(6 + i, 9)), Cells(2 + i, 2))
If proc = 0 Then
  Cells(7 + j + 1, 9) = Cells(2 + i, 2)
  j = j + 1
End If
Next
p = Range(Cells(7, 9), Cells(7, 9).End(xlDown)).Address
Range(p).Sort key1:=Range("I9"), _
order1:=xlAscending, Header:=xlNo
End Sub
```

O comando

```
Range(p).Sort key1:=Range("I9"), _
order1:=xlAscending, Header:=xlNo
```

deixará uma faixa de células nomeada como "p", que neste problema é a faixa B2:B21, ordenada a partir da célula I9, em ordem alfabética ou crescente (*xlAscending*), incluindo o primeiro elemento da faixa representada por *p*. O comando *Header:=xlNo* indica que não há um cabeçalho (a primeira linha da faixa selecionada já tem um dado a considerar na ordenação).

Para organizar em ordem alfabética inversa (ordem decrescente, no caso de valores numéricos), o texto *order1:=xlAscending* seria substituído por *order1:= xlDescending*.

A função *Sort* poderia organizar também dados em linhas. Para isso, deve-se acrescentar o comando

```
Orientation:=xlSortRows,
```

antes do comando de ordenação (*order1*).

Podem ser usados outros elementos gráficos como botões de comando. A seguir será mostrado como atribuir uma macro a um elemento gráfico da biblioteca de formas do Excel.

A tabela da Figura 8.5, obtida de um dos modelos contidos no Excel, lista produtos diversos e seus montantes de vendas trimestral. Pretende-se imprimir na planilha um minirrelatório contendo o nome do produto mais vendido no ano, seu volume total de vendas e seu volume de vendas mensal (estimado por sua média mensal). As formas foram colocadas na planilha, fazendo-se na barra de comandos *Inserir -> Formas*. Foram escolhidas duas formas distintas, conforme mostrado na Figura 8.5. Para atribuir macros às formas, clica-se no botão direito do mouse, em cada forma, e escolhe-se *Atribuir macro*. Surgirá uma caixa com as macros existentes, onde o programador escolherá entre uma delas (ou criar uma nova). Neste exemplo, as macros *Rel_vendas* e *Limpe*, atribuídas às formas *seta* e *x*, respectivamente, possuem os códigos

```
Sub Rel _ vendas()
LinhaFim = Cells(Rows.Count, 1).End(xlUp).Row
volmax = WorksheetFunction.Sum(Range(Cells(3, 3), _
Cells(3, 6)))
indice = 1
For i = 3 To LinhaFim - 1
    vol = WorksheetFunction.Sum(Range(Cells(i, 3), _
Cells(i, 6)))
  If vol > volmax Then
    volmax = vol
```

```
    indice = i
    End If
  Next
  Cells(3, "J") = "Produto mais vendido: " & Cells(indice, 2)
  Cells(4, "J") = "Volume de vendas: R$ " & volmax
  Cells(5, "J") = "Média mensal: R$ " & Round(volmax / 12, 2)
  End Sub
```

```
  Sub limpe()
      For Each cel In Range("J3:J5").Cells
              cel.Clear
      Next
  End Sub
```

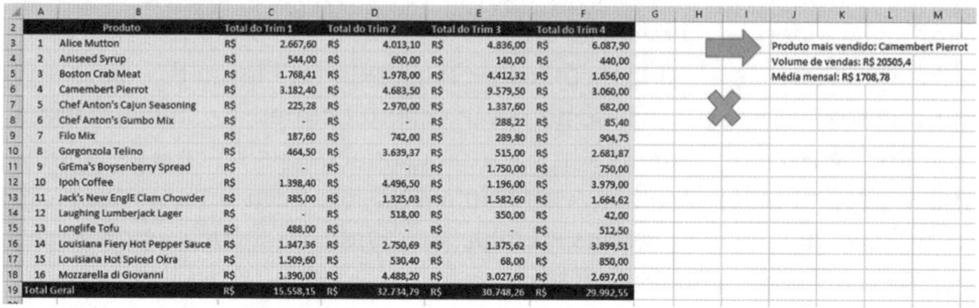

	Produto	Total do Trim 1	Total do Trim 2	Total do Trim 3	Total do Trim 4
1	Alice Mutton	R$ 2.667,60	R$ 4.013,10	R$ 4.836,00	R$ 6.087,90
2	Aniseed Syrup	R$ 544,00	R$ 600,00	R$ 140,00	R$ 440,00
3	Boston Crab Meat	R$ 1.768,41	R$ 1.978,00	R$ 4.412,32	R$ 1.656,00
4	Camembert Pierrot	R$ 3.182,40	R$ 4.683,50	R$ 9.579,50	R$ 3.060,00
5	Chef Anton's Cajun Seasoning	R$ 225,28	R$ 2.970,00	R$ 1.337,60	R$ 682,00
6	Chef Anton's Gumbo Mix	R$ -	R$ -	R$ 288,22	R$ 85,40
7	Filo Mix	R$ 187,60	R$ 742,00	R$ 289,80	R$ 904,75
8	Gorgonzola Telino	R$ 464,50	R$ 3.639,37	R$ 515,00	R$ 2.681,87
9	GrEma's Boysenberry Spread	R$ -	R$ -	R$ 1.750,00	R$ 750,00
10	Ipoh Coffee	R$ 1.398,40	R$ 4.496,50	R$ 1.196,00	R$ 3.979,00
11	Jack's New EnglE Clam Chowder	R$ 385,00	R$ 1.325,03	R$ 1.582,60	R$ 1.664,62
12	Laughing Lumberjack Lager	R$ -	R$ 518,00	R$ 350,00	R$ 42,00
13	Longlife Tofu	R$ 488,00	R$ -	R$ -	R$ 512,50
14	Louisiana Fiery Hot Pepper Sauce	R$ 1.347,36	R$ 2.750,69	R$ 1.375,62	R$ 3.899,51
15	Louisiana Hot Spiced Okra	R$ 1.509,60	R$ 530,40	R$ 68,00	R$ 850,00
16	Mozzarella di Giovanni	R$ 1.390,00	R$ 4.488,20	R$ 3.027,60	R$ 2.697,00
Total Geral		R$ 15.558,15	R$ 32.734,79	R$ 30.748,26	R$ 29.992,55

Figura 8.5: Tabela de dados para exemplo de novos controles de formulário

Outros controles de usuários têm sua funcionalidade mais bem aplicada em formulário de usuários (*UserForm*), que será mostrado mais adiante.

8.1.1. A caixa de diálogo *MsgBox*

Esta ferramenta do VBA é útil para exibir informações e/ou informar um dado simples do usuário para uma macro criada. Sua sintaxe para uma impressão simples: *MsgBox " < Mensagem >"*.

No comando

```
MsgBox "Você participará de uma pesquisa."
```

será impressa uma caixa de mensagem simples, a qual é representada pelo texto entre aspas. A Figura 8.6 mostra o retorno desse código.

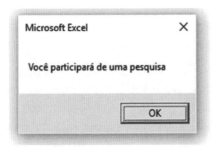

Figura 8.6: Caixa de mensagens simples

Se uma mesma macro possuir os comandos consecutivos

```
MsgBox "Você participará de uma pesquisa."
MsgBox "Ficaremos gratos."
```

a segunda mensagem é acionada após teclar-se *Enter* (ou clicar no botão "OK" da caixa).

Para que a caixa de diálogo tenha um título particular, diferente do título padrão "Microsoft Excel", pode-se usar a função *MsgBox* como segue:

```
MsgBox "Ficaremos gratos.", ,"Mensagem"
```

O espaço entre as mensagens, delimitado por vírgulas, é reservado para a definição de botões diferentes do padrão "OK". As constantes relativas aos botões das mensagens serão listadas mais adiante.

A função *MsgBox* também pode ser usada com a opção da escolha do botão que direcionará a próxima ação de uma macro. Neste caso, a sua sintaxe básica é <variável> = MsgBox(<Aviso>, <botões>, <título>).

Em seu argumento, tem-se: *aviso*: uma mensagem de texto que será impressa em caixa de diálogo própria; *botões*: um número que especifica quais botões (e qual ícone) aparecerão na caixa de mensagem (opcional); *título*: texto da barra de título da caixa de mensagem (opcional).

O código a seguir traz uma sub-rotina que não funcionará como requerida (ela terá um *bug*): a resposta a uma pergunta é registrada e, com isso, uma estrutura de controle aciona ou não o próximo comando. O pedido de digitação não tem nenhum efeito.

```
Sub exmsgbox()
MsgBox "Você participará de uma pesquisa"
resp = MsgBox("Você apoia a mudança de regime?" & Chr(13) _
& " Digite 1 para SIM")
If resp = 1 Then
    resp = MsgBox("Você é parlamentarista. Confirma?" & _
Chr(13) & " Digite 1 para SIM")
If resp = 1 Then
    MsgBox "Você é parlamentarista."
Else
    MsgBox "Você não é parlamentarista."
End If
End If
End Sub
```

Essa sequência de comandos levará sempre à mensagem "Você é parlamentarista".

A próxima sub-rotina trará a pesquisa de maneira correta. As funções *MsgBox* que trazem a opção *vbYesNo* deixarão as caixas com as opções *sim* (*vbYes*) ou *não* (*vbNo*). A sub-rotina *exmsgbox* passa então a ter o código

```
Sub exmsgboxc()
MsgBox "Você participará de uma pesquisa"
resp = MsgBox("Você apoia a mudança de regime?", vbYesNo)
If resp = vbYes Then
resp = MsgBox("Você é parlamentarista. Confirma?", vbYesNo)
 If resp = vbYes Then
MsgBox "Você é parlamentarista."
Else
MsgBox "Você não é parlamentarista."
```

Formulários em VBA

```
    End If
Else
    MsgBox "Você não é parlamentarista."
    End If
End Sub
```

Outas opções de botões, com suas respectivas constantes numéricas, são listadas a seguir:

- » *vbOKOnly* (0): exibe apenas o botão *OK*;
- » *vbOKCancel* (1): exibe os botões *OK* e *Cancel*;
- » *vbAbortRetryIgnore* (2): exibe os botões *Abort, Retry* e *Ignore*;
- » *vbYesNoCancel* (3): exibe os botões *Yes, No* e *Cancel*;
- » *vbYesNo* (4): exibe os botões *Yes* e *No*;
- » *vbRetryCancel* (5): exibe os botões *Retry* e *Cancel*;
- » *vbCritical* (16): exibe o ícone de mensagem crítica;
- » *vbQuestion* (32): exibe o ícone de consulta de aviso;
- » *vbExclamation* (48): exibe o ícone de mensagem de aviso;
- » *vbInformation* (64): exibe o ícone de mensagem de informação.

Pode-se ter em uma caixa de mensagens duas destas constantes:

```
resp = MsgBox("Você apoia a mudança de regime?", 2 + 32)
```

Esse comando une as constantes *vbAbortRetryIgnore* com *vbQuestion*.

A variável *resp* criada na subrotina *exmsgbox* pode retornar além de *vbYes* (cujo código é 6):

- » *vbOK* (1): *OK*;
- » *vbCancel* (2): *Cancelar*;
- » *vbAbort* (3): *Anular*;
- » *vbRetry* (4): *Repetir*;

» *vbIgnore* (5): *Ignorar*;

» *vbNo* (7): *Não*.

Quando se deseja mudar o título da caixa do título padrão "Microsoft Excel", pode-se fazer como no comando

```
resp = MsgBox("Você é parlamentarista?", _
vbYesNoCancel, "Pesquisa Plebiscito")
```

O título passa a ser "Pesquisa Plebiscito".

Os argumentos da função também podem ser definidos em outras variáveis:

```
mensagem = "Você é parlamentarista?"
botao = vbYesNoCancel
titulo = "Pesquisa Plebiscito"
resp = MsgBox(mensagem, botão, título)
```

O exemplo a seguir usa a função *MsgBox* para criar um jogo similar ao famoso "21". O jogador vai acumulando valores até um certo momento (de sua escolha). Se sua soma for mais próxima de 21 que a obtida pelo computador, o usuário é declarado vencedor.

```
Sub compara21()
resp = MsgBox("Deseja jogar?", vbYesNo)
If resp = vbYes Then
Do
valor_jog = valor_jog + Round(10 * Rnd(), 0)
valor_comp = valor_comp + Round(10 * Rnd(), 0)
resp = MsgBox("Seu valor total: " & valor_jog & _
vbNewLine & "Continua?", vbYesNo)
Loop While Not resp = vbNo
If Abs(21 - valor_jog) < Abs(21 - valor_comp) Then
txt = "Você venceu!"
```

```
Else
    txt = "O computador venceu!"
End If
MsgBox "Seu valor total: " & valor_jog & Chr(13) & _
"valor total computador: " & valor_comp & Chr(13) & txt
Else
MsgBox "Fim"
End If
End Sub
```

A função *Rnd()* gera números aleatórios entre 0 e 1. A função *Round* arredonda um número para que ele tenha uma quantidade definida de casas decimais. *Round(10*Rnd(),0)* escreve números inteiros aleatórios entre 0 e 10 (o número terá "0 casas decimais").

8.1.2. A caixa de diálogo *InputBox*

Usada quando se quer receber um valor único (texto, número ou uma faixa de células) diretamente pelo usuário.

Sintaxe básica: < *Variável* > = *InputBox(<Prompt>, <Título>, <Padrão>)*.

Em que:

» *Prompt*: texto da caixa de entrada;
» *Título*: título da barra da caixa de entrada (opcional);
» *Padrão*: valor usado (impresso na área de digitação) caso nenhum valor seja atribuído à caixa (opcional).

No exemplo

```
valor_ini = InputBox("Número de 1 a 100", "Abrindo pesquisa", 0)
```

pede-se para que seja digitado um número de 1 a 100. Na área de digitação está o valor padrão escolhido: 0 (zero).

O próximo código solicita a primeira letra de um nome e pesquisa na faixa A1:A20 quais nomes, entre os dispostos nas células, começam com a letra digitada. Quando o nome é encontrado, ele é impresso (se existir na faixa).

```
Sub proctxt()
Dim txt As String
txt = InputBox("Digite a 1a letra de seu nome:")
txt = UCase(txt)
chv = 0
i = 0
While chv = 0 And i < 21
    i = i + 1
    If Mid(Range("A" & i), 1, 1) = txt Then
    resp = MsgBox(Range("A" & i).Value _
    & " é você?", vbYesNo)
    If resp = vbYes Then
        chv = 1
    End If
    End If
Wend
If chv = 1 Then
    MsgBox "Seu nome: " & Range("A" & i).Value
Else
    MsgBox "Nome fora da lista"
End If
End Sub
```

A função *InputBox* pode ser usada para seleção de uma área. Para isso, deve ser usado o comando *Application.InputBox*. Sua sintaxe básica é: *Application.InputBox(<Prompt>, <Título>, <Padrão> , Type:=<Tipo>)*.

Em que:

- » *<Prompt>*: mensagem mostrada na caixa de diálogo;
- » *<Título>*: título da barra da caixa de entrada (opcional);
- » *<Padrão>*: valor usado caso nenhum valor seja atribuído à caixa (opcional).
- » *<Tipo>*: especifica o tipo do retorno da função. Se omitido, o retorno será do tipo *String* (texto).

Os valores de *<Tipo>* estão entre:

- » 0: uma fórmula;
- » 1: um número;
- » 2: um texto;
- » 4: um valor lógico: verdadeiro (*True*) ou falso (*False*);
- » 8: uma faixa de células, como um objeto do tipo *Range*;
- » 16: uma notificação de erro, como #NOME?;
- » 64: uma matriz (uma faixa de células).

O tipo pode vir com uma combinação. Exemplo: *type*:=1+2. O tipo de retorno será um número ou um texto.

Na sub-rotina *faixa()* imprime-se em uma caixa *MsgBox* o elemento da primeira coluna e primeira linha da matriz de entrada (definida no *prompt*).

```
Sub faixa()
Dim Rng As Range
Set Rng = Application.InputBox("Faixa ?", "Uso InputBox", _
Type:=8)
MsgBox Rng.Columns(1).Rows(1)
End Sub
```

Uma alternativa: colocar a atribuição

```
padrao = "A1:B2"
```

e, em sequência,

```
Set Rng = Application.InputBox("Faixa ?", "Uso InputBox", _
Padrao, Type:=8)
```

A caixa abre com a faixa A1:B2 impressa na caixa de entrada de dados, como mostra a Figura 8.7. Essa faixa é editável, o usuário poderá modificá-la.

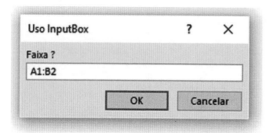

Figura 8.7: Aplicação da função *Application.InputBox*

Pode-se também usar o comando anterior com a faixa padrão digitada diretamente:

```
Set Rng = Application.InputBox("Faixa ?", "Uso InputBox", _
"A1:B2", Type:=8)
```

A caixa de mensagem de saída

```
MsgBox Rng.Columns(1).Rows(1)
```

equivale a

```
MsgBox Rng(1)
```

Da mesma forma:

- » *Rng(2)* equivale a *Rng.Columns(2).Rows(1)*;
- » *Rng(3)* equivale a *Rng.Columns (1).Rows (2)*;
- » *Rng(4)* equivale a *Rng.Columns (2).Rows(2)*.

8.2. Formulários de usuários (*UserForms*)

Um formulário de usuário consiste na organização de caixas de diálogos em um formulário eletrônico que executará uma macro. Sua produção é feita no editor de macros do Excel, o VBE, escolhendo-se *Inserir -> UserForm* na barra de opções do VBE. A Figura 8.8 mostra a área de criação do *UserForm*.

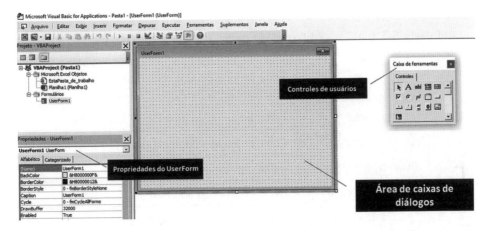

Figura 8.8: Área do VBE para a criação de formulários

Como mostrado, surgiu, além da área em que as caixas de diálogos serão posicionadas, uma caixa de ferramentas com os controles de usuários e uma janela com as propriedades do objeto *UserForm*. Se as janelas não surgirem, faz-se: *Exibir -> Caixa de ferramentas* e *Exibir -> Janela 'Propriedades'* (ou tecla-se F4), para as duas respectivas janelas.

A caixa de ferramentas possui 15 controles de usuário, além da opção padrão do mouse (controle não numerado), como mostra a Figura 8.9.

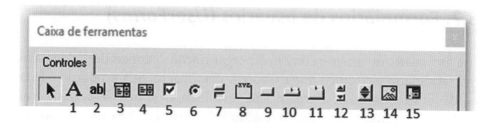

Figura 8.9: Controles de usuário da caixa de ferramentas

A Tabela 8.1 lista os controles da caixa de ferramentas.

1	Rótulo	Texto próprio do controle (título), editado pelo usuário.
2	Caixa de texto	Permite a inserção de texto no *UserForm*.
3	Caixa de combinação	Caixa de listagem do tipo *Drop – Down*.
4	Caixa de listagem	Caixa com lista de itens.
5	Caixa de seleção	Exibe uma opção Sim/Não.
6	Botão de opção	Seleção em um conjunto de opções.
7	Botão de ativação	Seleção do tipo ligado ou desligado.
8	Quadro	Acomoda um conjunto de controles.
9	Botão de comando	Botão acionador de macros com um clique.
10	*TabStrip*	Controle com abas (*Tabs* – guias).
11	Multipágina	Exibe outras páginas com outros objetos.
12	Barra de rolagem	Controle com barra de rolagem.
13	Botão de rotação	Botão para mudança gradual de um valor.
14	Imagem	Exibe uma figura.
15	*RefEdit*	Seleção de uma faixa de células.

Tabela 8.1: Controles da caixa de ferramentas

Um controle da caixa de ferramentas é colocado no formulário clicando-se no controle desejado e arrastando-o para a área do *UserForm*. Sua formatação, em relação às suas dimensões, é feita como habitual, pelo usuário, ou de maneira automática pelo VBE.

Todas as propriedades de cada controle podem ser alteradas na caixa de propriedades, como na Figura 8.10.

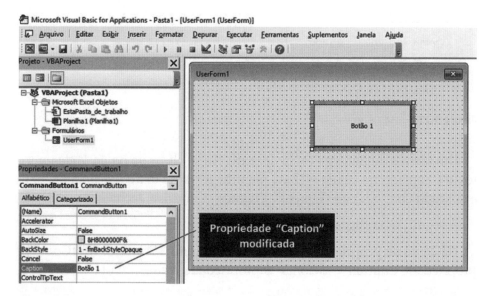

Figura 8.10: Propriedades de um botão de controle

O botão inserido no *UserForm* tem seu rótulo mudado para "Botão 1". O rótulo padrão para o primeiro botão inserido é "CommandButton1".

A seguir, têm-se exemplos de formulários de usuários. Em cada exemplo, quando necessário, é indicada a mudança da propriedade do controle.

Sempre que um controle é colocado na área do formulário, pode-se editar seu código fazendo-se um clique duplo no controle ou teclando-se F7 no teclado do computador. Para voltar ao formulário, tecla-se *Shift + F7*. Nos dois modos, todos os códigos do formulário são abertos.

8.2.1. Exemplos de formulários de usuários

UserForm1: este formulário terá três botões de comando e uma caixa de texto.

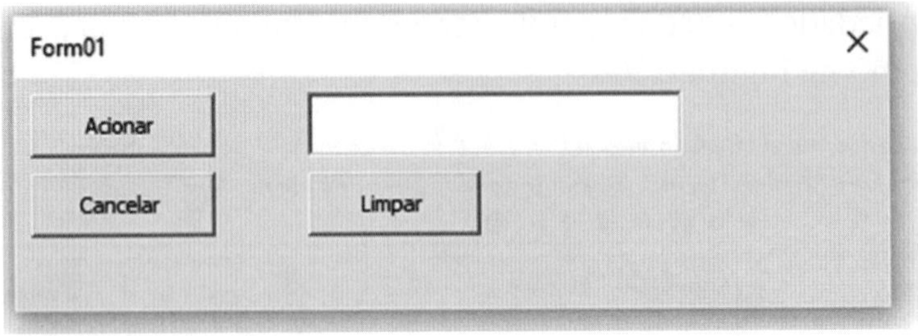

Figura 8.11: Formulário inicial

Um texto é digitado na caixa de texto. Ao se clicar no botão *"Acionar"*, o texto é copiado na célula A22 da planilha ativa. O texto da caixa de texto é apagado com o botão "Limpar". O botão "Cancelar" fecha o formulário.

A seguir, os códigos dos controles.

Na caixa de propriedades: **botão de comando "Acionar" (BotCom01):** propriedade *Caption* = "Acionar" e propriedade *Name* = "BotCom01".

```
Private Sub BotCom01_Click()
  Cells(22, 1) = TexName.Text
End Sub
```

Na célula é inserido o valor digitado na caixa de texto cujo nome (propriedade *Name*) é "TextName".

Alteração na caixa de propriedades: **botão de comando "Cancelar":** propriedade *Caption* = "Cancelar" e propriedade *Name* = "Cancelar".

```
Private Sub Cancelar_Click()
     Unload UserForm1
End Sub
```

Na caixa de propriedades do botão "Limpar": **Botão "Limpar":** propriedades: *Name* = "Limpar" e *Caption* = "Limpar".

```
Private Sub Limpar_Click()
    TextName.Text = ""
End Sub
```

Para a caixa de texto: propriedade *Name* = "TextName".

Não há uma sub-rotina para a caixa de texto.

Nota: se o comando do botão "Acionar" (*BotCom01_Click*) for substituído por

```
TexName.Text = Cells(22, 1)
```

ao se acionar esse botão, o texto que está na célula A22 será impresso na caixa de texto.

UserForm2: é adicionada na *UserForm* uma *caixa de listagem*: propriedade *Name* = "ListaNomes". A sub-rotina *Userform_initialize* é colocada para preencher o conteúdo da caixa no momento que o formulário é aberto. Ela não é colocada automaticamente, o usuário deve escrevê-la. O código relativo à caixa de listagem está na sub-rotina *ListaNomes_Click*. Neste exemplo de *UserForm*, ela fica vazia. Os códigos ficam:

```
Sub Userform_Initialize()
For i = 1 To 3
  ListaNomes.AddItem Cells(i, 1)
Next
End Sub


Private Sub BotCom01_Click()
  TextName.Text = ListaNomes.Value
End Sub


Private Sub Cancelar_Click()
Unload UserForm1
End Sub
```

```
Private Sub Limpar _ Click()
TextName.Text = ""
End Sub


Private Sub ListaNomes _ Click()


End Sub
```

A sub-rotina *ListaNomes_click* só aparece com os outros códigos se for dado um duplo clique nesse controle, considerando-se que o controle de caixa de seleção foi colocado na área do formulário. Ele pode ser apagado do conjunto de códigos do formulário. Será mantido neste projeto porque ele será preenchido em outro exemplo.

A sub-rotina *UserForm_initialize* será acionada quando se executa a *UserForm*. Ela preencherá a caixa de listagem com os valores das células A1, A2 e A3.

Quando se executa o formulário de usuário, é impresso na planilha ativa o formulário mostrado na Figura 8.12.

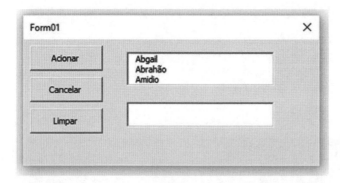

Figura 8.12: Formulário do segundo exemplo (*UserForm2*)

Considera-se que os textos *Abgail*, *Abrahão* e *Amidio* estão colocados nas células A1, A2 e A3 da planilha ativa, respectivamente. Ao se marcar, por exemplo, o nome "Abrahão" na caixa de listagem, e se depois o botão "*Acionar*" for acionado, o nome será impresso na caixa de texto.

Formulários em VBA

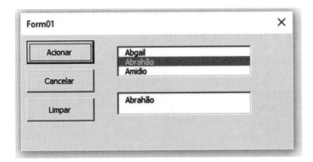

Figura 8.13: Impressão na caixa de texto

Se o botão "Acionar" for retirado da *UserForm*, e a sub-rotina *ListaNomes_Click* passar a ter o código

```
Private Sub ListaNomes_Click()
    TextName.Text = ListaNomes.Value
End Sub
```

a caixa de texto mostrará o texto selecionado com o mouse na caixa de listagem. Na figura a seguir, tem-se o exemplo da execução da *UserForm* com o texto "Amidio" selecionado:

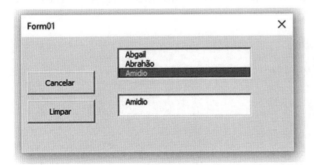

Figura 8.14: *UserForm2* sem o botão "Acionar"

UserForm3: agora toma-se um dos elementos da caixa de listagem como referência para escrever nas duas caixas de texto criadas a profissão e a idade de um funcionário de uma empresa qualquer. Foram adicionados dois rótulos (*Label*) à *UserForm*: "Profissão" e "Idade". Os nomes dos rótulos foram modificados na propriedade *Caption* de cada controle. A caixa de diálogo terá a forma apresentada na figura a seguir:

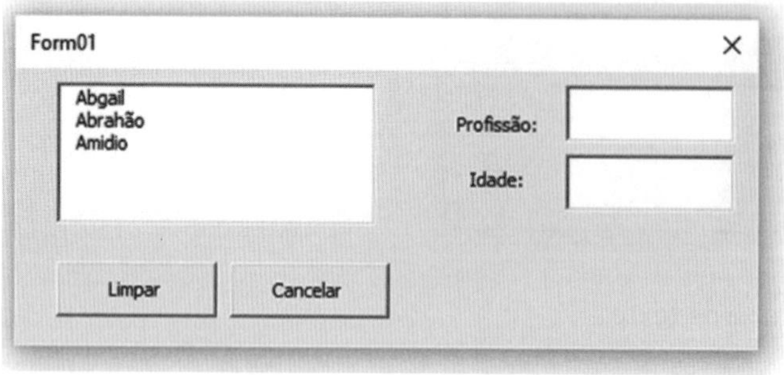

Figura 8.15: Formulário do terceiro exemplo (*UserForm3*)

Duas sub-rotinas foram alteradas:

```
Private Sub Limpar_Click()
    TextName.Text = ""
    TextName2.Text = ""
End Sub
```

A nova caixa de texto também terá seu conteúdo apagado quando o botão "Limpar" for acionado.

```
Private Sub ListaNomes_Click()
    i = ListaNomes.ListIndex
    TextName.Text = Cells(i + 1, 2)
    TextName2.Text = Cells(i + 1, 3)
End Sub
```

É atribuído à variável *i* o número do índice (posição na caixa de listagem) recebido por cada texto, que foram definidos pelo código da sub-rotina *UserForm_initialize*. Na composição dos índices dos elementos da caixa de listagem, o primeiro índice tem o valor 0 (zero).

A próxima figura mostra o funcionamento do *UserForm* com o terceiro elemento selecionado. A planilha de referência também está exibida na figura.

Formulários em VBA

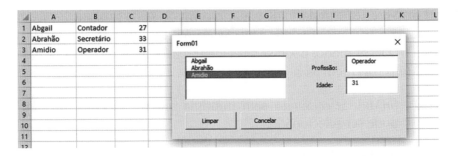

Figura 8.16: Planilha e retorno do *UserForm3*

Se a planilha tiver um conjunto maior de elementos nas colunas A, B e C, a caixa de listagem terá uma barra de rolagem lateral. Consideremos a alteração a seguir da sub-rotina *Userform_Initialize*:

```
Sub Userform_Initialize()
    LinhaFim = Cells(Rows.Count, 1).End(xlUp).Row
    For i = 1 To LinhaFim
            ListaNomes.AddItem Cells(i, 1)
    Next
End Sub
```

O comando

```
LinhaFim = Cells(Rows.Count, 1).End(xlUp).Row
```

retorna à variável *LinhaFim* o valor da linha da última célula da primeira coluna que está preenchida. A caixa de listagem toma a forma da Figura 8.17.

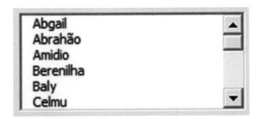

Figura 8.17: Caixa de listagem com um número maior de dados

UserForm4: este formulário de usuário compõe-se da caixa de listagem *ListaNomes* com sua propriedade *MultiSelect* modificada para *1 – fmMultiSelectMulti*. Desse modo, pode-se selecionar vários itens da caixa. A propriedade *MultiSelect* tem as seguintes opções:

» 0 – *fmMultiSelectSingle*: sem múltipla seleção. Apenas um item pode ser selecionado;

» 1 – *fmMultiSelectMulti*: seleciona-se (ou desfaz-se a seleção de) cada item com um clique ou posiciona-se no item com as teclas de navegação e pressiona-se a barra de espaços;

» 2 – *fmMultiSelectExtended*: a múltipla seleção é feita com a tecla *Ctrl* pressionada. Ou usa-se a tecla *Shift* para selecionar itens consecutivos.

A planilha de referência desse formulário de usuário é a mesma do anterior.

Quando o botão "Acionar" é pressionado, calcula-se a média das idades dos funcionários selecionados, imprimindo-a com duas casas decimais.

A figura mostra o resultado do acionamento do botão "Acionar" para três itens da caixa de listagem selecionados.

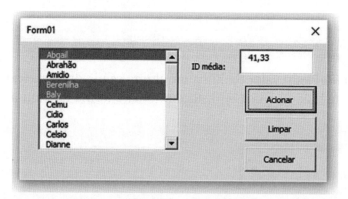

Figura 8.18: Formulário *UserForm4*

Os códigos do botão "Acionar" e do botão "Limpar", que foi modificado em relação ao código da *UserForm* anterior, estão nas listagens seguintes:

```
Private Sub Acionar _ Click()
For i = 0 To ListaNomes.ListCount - 1
If ListaNomes.Selected(i) Then
    idade _ M = idade _ M + Cells(i + 1, 3)
    contador = contador + 1
End If
Next i
TextName.Text = Round(idade _ M / contador, 2)
End Sub
```

```
Private Sub Limpar _ Click()
TextName.Text = ""
For i = 0 To ListaNomes.ListCount - 1
    ListaNomes.Selected(i) = False
Next i
End Sub
```

UserForm5: neste formulário será colocado o controle *RefEdit* (propriedade *Name* = "RefEdit01") para seleção de uma faixa de célula da planilha ativa. Na caixa de propriedades do formulário foram alteradas as propriedades *Name* = "Select_Range" e *Caption* = "Select Range".

Dois botões de comandos também são inseridos. Para o primeiro, três propriedades são alteradas:

» *Name* = "BotOK";
» *Caption* = "OK!";
» *AutoSize* = "True".

Para o segundo:

> » *Name* = "BotCancel";
> » *Caption* = "Cancelar";
> » *AutoSize* = "True".

Os códigos das sub-rotinas do formulário são:

```
Private Sub BotOK_Click()
Set p = Range(RefEdit01.Text)
MsgBox p.Address
End Sub
```

```
Private Sub BotCancel_Click()
Unload Select_Range
End Sub
```

Na próxima figura está o usuário de formulário criado e sua execução quando a faixa A1:B1 é selecionada:

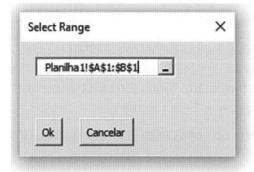 

Figura 8.19: Execução do formulário *UserForm5*

A seguir são exibidas modificações no código da sub-rotina *BotOK_Click* e suas consequências.

> » Impressão da matriz selecionada, na forma de vetor coluna, a partir da primeira coluna da faixa selecionada, duas linhas abaixo:

```
Set p = Range(RefEdit01.Text)
n = p.Count
nlinha = p.Rows.Count + 1
ncoluna = p.Column
For i = 1 To n
  Cells(nlinha + i, ncoluna) = p(i)
Next
```

» Formatação da fonte da faixa selecionada em negrito e itálico:

```
Set p = Range(RefEdit01.Text)
p.Font.FontStyle = "bold italic"
```

» Formatação da célula que possui o maior valor numérico da faixa selecionada, com preenchimento na cor preta e fonte na cor branca:

```
Set p = Range(RefEdit01.Text)
vmax = WorksheetFunction.Max(p)
Set valor = p.Find(vmax)
With valor
  .Interior.ColorIndex = 1
  .Font.ColorIndex = 2
End With
```

» Insere-se uma linha imediatamente abaixo da última linha da faixa selecionada com números inteiros aleatórios entre 0 e 10:

```
Set p = Range(RefEdit01.Text)
vmax = WorksheetFunction.Max(p)
nlinha = p.Rows.Count
ncoluna = p.Columns.Count
For i = 1 To ncoluna
  Cells(nlinha + 1, i) = Round(10 * Rnd(), 0)
Next
```

» Acrescenta-se um valor a um grupo de valores dispostos em uma coluna com primeiro valor em A1, ordenando o grupo em ordem crescente de valores (ordem alfabética, no caso de texto):

```
Set p = Range(RefEdit01.Text)
vmax = WorksheetFunction.Max(p)
nlinha = p.Rows.Count
nnome = InputBox("Novo nome?")
Cells(nlinha + 1, 1) = nnome
Range("A1:A" & nlinha + 1). _
Sort key1:=Range("A1"), _
order1:=xlAscending, Header:=xlNo
```

8.2.2. Aplicações com outros controles de usuários

Botão de opção True/False

O próximo formulário terá inserido um botão de opção do tipo *True/False*. O formato geral será idêntico ao da Figura 8.19, acrescentando-se um botão com a propriedade *Caption* = "Selecionar". O formulário é mostrado na Figura 8.20, e seu código é listado logo em seguida.

Figura 8.20: Formulário com botão de opção

```vba
Sub Userform _ Initialize()
    LinhaFim = Cells(Rows.Count, 1).End(xlUp).Row
    Select _ Range.RefEdit01.Text = _
    Range("A1:A" & LinhaFim).Address
End Sub
Private Sub BotOK _ Click()
If Select _ Range.OptionButton1.Value = True Then
    Set p = Range(RefEdit01.Text)
    nlinha = p.Rows.Count
    nnome = InputBox("Novo nome?")
    Cells(nlinha + 1, 1) = nnome
    Range("A1:A" & nlinha + 1). _
    Sort key1:=Range("A1"), _
    order1:=xlAscending, Header:=xlNo
Else
    LinhaFim = Cells(Rows.Count, 1).End(xlUp).Row
    Set p = Range("A1:A" & LinhaFim)
    nlinha = p.Rows.Count
    nnome = InputBox("Novo nome?")
    Cells(nlinha + 1, 1) = nnome
    Range("A1:A" & nlinha + 1). _
    Sort key1:=Range("A1"), _
    order1:=xlAscending, Header:=xlNo
End If
End Sub
Private Sub OptionButton1 _ Click()
    RefEdit01.Text = " "
End Sub
Private Sub BotCancel _ Click()
    Unload Select _ Range
End Sub
```

A sub-rotina *Initialize* preenche a caixa de seleção de faixa com o endereço dos valores da primeira coluna da planilha ativa, até a última linha preenchida. O botão de seleção surge inativo. Sua seleção implica que o usuário terá que fazer a seleção manualmente.

De uma maneira ou de outra, o botão de opção "OK" solicitará, via função *InputBox*, um novo valor para ser inserido na faixa selecionada. A sub-rotina desse botão organiza, ainda, os dados em ordem crescente.

Quando a sub-rotina do botão de opção está entre as sub-rotinas do código do *UserForm*, ela dá a opção de execução de um ou mais comandos com a ativação do botão (o padrão é estar inativo). No caso do formulário deste exemplo, a ativação do botão implica em limpar a área da caixa de seleção de faixa de células.

Userform com múltiplas páginas e caixas de seleção

O próximo exemplo de formulário traz, além de ferramentas já ilustradas anteriormente, os controles de inserção de múltiplas páginas e caixas de seleção. O novo *UserForm* terá as propriedades modificadas *Name* = "Pesquisa" e *Caption* = "Pesquisa dados".

Os controles desse formulário estão listados a seguir, com suas eventuais mudanças de propriedades.

Página 1 (*Page1*): *Caption* = "Pesquisa"

Caixa de texto 1: *TextBox1*;

Botões de opção:

» *OptionButton1*: *Name* = "OpBotNome", *Caption* = "Por nome";
» *OptionButton2*: *Name* = "OpBotMat", *Caption* = "Por matrícula".

Caixa de texto 2: *TextBox2*: *MultiLine* = *True*.

Botões de comando:

» *CommandButton1*: *Name* = "BotOK", *Caption* = "Ok";
» *CommandButton2*: *Name* = "BotCancel", *Caption* = "Cancelar";
» *CommandButton3*: *Name* = "Limpar", *Caption* = "Limpar".

A figura mostra a primeira página do formulário.

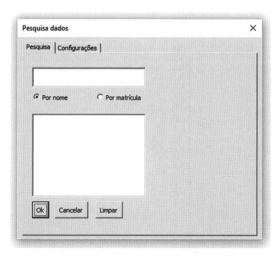

Figura 8.21: Formulário com multipáginas

Página 2 (*Page2*): *Caption* = "Configurações"

Botões de opção:

» *OptionButton3*: *Name* = "OpBotPes", *Caption* = "Dados pessoais";
» *OptionButton4*: *Name* = "OpBotNot", *Caption* = "Notas".

Caixas de seleção:

» *CheckBox1*: *Caption* = "Maior nota";
» *CheckBox2*: *Caption* = "Menor nota";
» *CheckBox3*: *Caption* = "Média".

A segunda página é mostrada na figura a seguir.

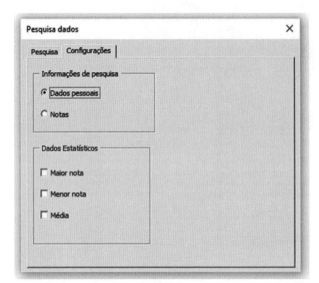

Figura 8.22: Segunda página do formulário

O formulário fará pesquisas tomando como referência a Figura 8.23.

	A	B	C	D	E	F	G	H	I	J
1						NOTAS DE CURSO DE APERFEIÇOAMENTO				
2	ALUNO	MATRÍCULA	IDADE	SEXO	TIPO SANGUE	NOTA 1	NOTA 2	NOTA 3	NOTA 4	
3	CARLOS	130	40	M	O+	7	9	5	9	
4	FRANCISCO	150	31	M	A	10	5	9	10	
5	MAGNUS	140	47	M	B	6	10	7	9	
6	MARCOS	100	40	M	O-	7	8	10	9	
7	ROSELI	120	38	F	B	8	9	9	6	
8	ROSEMARY	110	28	F	O	10	9	8	7	

Figura 8.23: Tabela de dados para o formulário com duas janelas

Pode-se, com o formulário, selecionar um aluno pelo seu nome ou matrícula. Na página de configurações, escolhe-se se serão impressos dados pessoais do aluno (idade, sexo e tipo sanguíneo) ou suas notas. Alternativamente, a impressão pode vir com um ou mais dados estatísticos: maior nota, menor nota e a média entre as notas.

Os códigos estão listados a seguir.

```
Sub Userform _ Initialize()
OpBotNome.Value = True
OpBotPes.Value = True
End Sub
```

Na sub-rotina de inicialização, os botões de opção de pesquisa "Por nome" e "Dados pessoais" estão ativados. Observa-se que há um botão em cada página. Na página 1, se durante a execução do *UserForm* o botão de opção "Por matrícula" for ativado, o botão "Por nome" será automaticamente desativado. Isso também acontece com os botões de opção da página 2. As caixas de seleção da página 2 são independentes. Uma ou mais, incluindo-se todas ou nenhuma, podem ser ativadas.

Os códigos que completam o projeto são os seguintes:

```
Private Sub BotOK _ Click()
LinhaFim = Cells(Rows.Count, 1).End(xlUp).Row
ReDim dado(LinhaFim)
nometxtbox1 = UCase(TextBox1.Value)
num = WorksheetFunction.CountIf(Range("A3:B" & LinhaFim), _
UCase(TextBox1.Value))
If num = 0 Then
  MsgBox "Dado não localizado. Tente Novamente."
  Call Limpar _ Click
Else
If OpBotNome.Value = True Then
  Set p = Range("A3:A" & LinhaFim)
  Set pos = p.Find(nometxtbox1)
  nlinha = pos.Row
  dado(1) = Cells(nlinha, 3)
  For i = 4 To 9
  dado(i - 2) = Cells(nlinha, i)
  Next
```

```vba
Else
 Set p = Range("B3:B" & LinhaFim)
 Set pos = p.Find(nometxtbox1)
 nlinha = pos.Row
 dado(1) = Cells(nlinha, 3)
 For i = 4 To 9
 dado(i - 2) = Cells(nlinha, i)
 Next
End If
If OpBotPes.Value = True Then
TextBox2.Value = TextBox2.Value & "Idade: " & _
dado(1) & Chr(13)
TextBox2.Value = TextBox2.Value & "Sexo: " & _
dado(2) & Chr(13)
TextBox2.Value = TextBox2.Value & _
"Tipo Sangue: " & dado(3) & Chr(13)
Else
 For i = 4 To 7
TextBox2.Value = TextBox2.Value & _
"Nota" & i - 3 & ": " & dado(i) & Chr(13)
 Next
End If
Range(Cells(nlinha, 6), Cells(nlinha, 9)).Name = "fxnot"
If CheckBox1.Value = True Then
 TextBox2.Value = TextBox2.Value & "Max: " & _
 WorksheetFunction.Max(Range("fxnot")) & Chr(13)
End If
If CheckBox2.Value = True Then
 TextBox2.Value = TextBox2.Value & "Min: " & _
 WorksheetFunction.Min(Range("fxnot")) & Chr(13)
End If
```

```
If CheckBox3.Value = True Then
TextBox2.Value = TextBox2.Value & "Média: " & _
WorksheetFunction.Average(Range("fxnot")) & Chr(13)
End If
End If
End Sub
```

O trecho desta sub-rotina

```
num = WorksheetFunction.CountIf(Range("A3:B" & LinhaFim), _
UCase(TextBox1.Value))
If num = 0 Then
```

verifica se o texto digitado na primeira caixa de texto está entre os valores da Figura 8.23. A variável *num* retorna 0 (zero) se o número de vezes que o texto digitado na caixa de texto está no conjunto dos valores válidos (A3:B8). O efeito seria o mesmo se tivéssemos

```
Set pos = Range("A3:B" & LinhaFim).Find(nometxtbox1)
If pos Is Nothing Then
```

As próximas sub-rotinas encerram o formulário e limpam as caixas de textos, respectivamente.

```
Private Sub BotCancel_Click()
Unload Pesquisa
End Sub
Private Sub Limpar_Click()
TextBox1 = " "
TextBox2 = " "
End Sub
```

A Figura 8.24 mostra a execução do formulário com suas respectivas configurações definidas.

 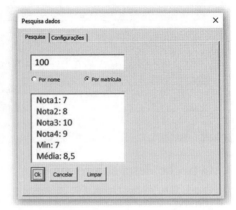

Figura 8.24: Execução do formulário multipáginas

Inserindo imagens no formulário

A inserção de imagens em um *UserForm* pode ser feita com a sintaxe básica do comando *LoadPicture*: <nome do controle>.Picture = LoadPicture("< local do arquivo >")

Consideremos o último formulário mostrado para inserir um controle de inclusão de imagem (com *Name* = "ImagemAluno" e *PictureSizeMode* = 1 – *fmPictureSizeModeStretch*). A Figura 8.25 mostra essa inserção.

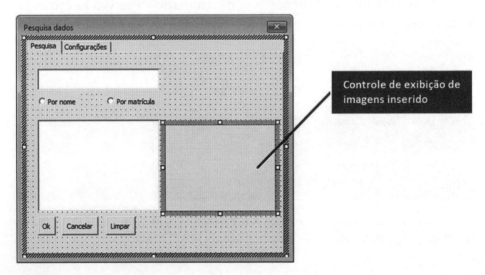

Figura 8.25: Inserção de imagem no formulário

Considerando-se que os arquivos de imagens de cada aluno: *CARLOS.jpg*, *FRANCISCO.jpg*, ..., estão, por exemplo, em *C:\Users\Documents*, o código que será colocado na subrotina *BotOk_click* está listado a seguir:

```
ImagemAluno.Picture = LoadPicture _
("C:\Users\Documents\" & Cells(nlinha, 1).Value & ".jpg")
```

A sub-rotina *Limpar_Click* passou a ter a listagem mostrada a seguir.

```
Private Sub Limpar _ Click()
    TextBox1 = ""
    TextBox2 = ""
    ImagemAluno.Picture = LoadPicture("")
End Sub
```

A figura seguinte ilustra a execução do **UserForm** com o controle de inserção de imagem.

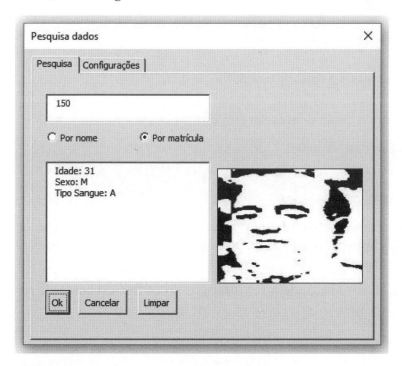

Figura 8.26: Formulário com inserção de imagem

Inserindo um botão de rotação

Inserindo-se um formulário com a propriedade *Name* = "ListImage", *Caption* = "Lista Imagens", incluindo-se um botão de rotação (*SpinButton1*) com as propriedades *Min* = 1 e *Max* = 6, e uma caixa de texto (*TextBox1*), o formulário terá a forma da Figura 8.27.

Figura 8.27: Formulário com botão de rotação

O código para o botão de rotação está mostrado a seguir.

```
Private Sub SpinButton1_Change()
    TextBox1.Text = SpinButton1.Value
End Sub
```

A caixa de texto apresenta números de 1 a 6. A rolagem crescente vai até 6. Quando chega em 6, a rolagem passa a não ter efeito. O mesmo para a rolagem regressiva.

Os valores *Max* e *Min* podem ser inseridos no código do botão de rotação.

```
Private Sub SpinButton1 _ Change()
    SpinButton1.Min = 1
    SpinButton1.Max = 6
    TextBox1.Text = SpinButton1.Value
End Sub
```

As propriedades se manterão (convém manter em 1 e 6), mas o que prevalece é o código.

Acionando-se agora uma caixa de imagens (*Image1*), e uma nova caixa de texto (*TextBox2*), acrescenta-se ao código do botão de rotação o comando

```
TextBox2.Text = Cells(2 + SpinButton1.Value, 1).Value
```

Nessa caixa de texto, será impresso o nome do aluno relativo à linha *2+SpinButton1.Value* (a listagem dos alunos começa na linha 3). Os textos que representam os nomes de alunos estão na faixa A3:A8 da tabela de dados da Figura 8.23.

Pode-se inserir também a imagem do aluno. Nessa inserção, muda-se a propriedade *PictureSizeMode = 1 – fmPictureSizeModeStretch*, fazendo-se com que a figura preencha toda a caixa de imagem. Ao código do botão de rotação inclui-se o comando

```
Image1.Picture = LoadPicture _
("C:\Users\Documents\" & _
Cells(2 + SpinButton1.Value, 1).Value & ".jpg")
```

Ressalta-se que está sendo considerado que as imagens estão no diretório *C:\Users\Documents*.

O *UserForm* preencherá com o nome na segunda caixa de texto e sua imagem na caixa de imagem à medida que o botão de rotação for acionado regressiva ou progressivamente (esquerda ou direita).

Uma sub-rotina de inicialização pode ser criada para que se tenha um primeiro conjunto de dados impressos na execução do formulário. Transfere-se a definição das propriedades *Max* e *Min* para seu código e faz-se com que a caixa de texto *Textbox1* seja preenchida com o valor da propriedade *Min* (ou seja, o número 1). A imagem também deve ser inicializada, fazendo com que o código da sub-rotina de inicialização seja:

```
Sub Userform _ Initialize()
    SpinButton1.Min = 1
    SpinButton1.Max = 6
    TextBox1.Text = SpinButton1.Min
    Image1.Picture = LoadPicture _
    ("C:\Users\Documents\" & _
    Cells(2 + SpinButton1.Min, 1).Value & ".jpg")
    TextBox2.Text = Cells(2 + SpinButton1.Value, 1).Value
End Sub
```

Na execução do formulário, quando a rolagem do botão chega ao valor máximo (*Max* = 6), o botão de progressão para de alterar o conteúdo das caixas de texto e imagem. Analogamente para a rolagem decrescente quando o botão deixa de alterar o conteúdo quando se chega ao valor 1 na caixa de texto 1 (*Textbox1*). Pode ser criada uma "rolagem infinita" para o formulário. Ou seja, os valores numéricos variam, por exemplo, entre as formas

... 1 2 3 4 5 6 1 2 3 4 5 6 1 2 3 ... ou ... 6 5 4 3 2 1 6 5 4 3 2 1 6 5 ...

Para isso, pode-se escrever as sub-rotinas *UserForm_Initialize* e *SpinButton1_Change* da seguinte maneira:

```
Sub Userform _ Initialize()
 SpinButton1.Min = 0
 SpinButton1.Max = 7
 TextBox1.Text = SpinButton1.Min + 1
 Image1.Picture = LoadPicture _
 ("C:\Users\Magnus\Documents\" & _
 Cells(2 + SpinButton1.Min + 1, 1).Value & ".jpg")

End Sub
```

```vba
Private Sub SpinButton1_Change()
If SpinButton1.Value = SpinButton1.Min Then
 SpinButton1.Value = 6
 TextBox1.Text = SpinButton1.Value
Else
 If SpinButton1.Value = SpinButton1.Max Then
 SpinButton1.Value = 1
 TextBox1.Text = SpinButton1.Value
 Else
 TextBox1.Text = SpinButton1.Value
 End If
End If
TextBox2.Text = Cells(2 + SpinButton1.Value, 1).Value
Image1.Picture = LoadPicture _
("C:\Users\Magnus\Documents\" & _
Cells(2 + SpinButton1.Value, 1).Value & ".jpg")
End Sub
```

A Figura 8.28 mostra como fica o formulário "Lista Imagens".

Figura 8.28: Retorno da execução do formulário "Lista Imagens"

Usando barra de rolagem

O botão de rotação pode ser substituído por uma barra de rolagem. O procedimento é análogo. As sub-rotinas passam a ter as listagens:

```
Sub Userform _ Initialize()
  TextBox1.Text = ScrollBar1.Min
  TextBox2.Text = Cells(2 + ScrollBar1.Min, 1).Value
  Image1.Picture = LoadPicture _
  ("C:\Users\Documents\" & _
  Cells(2 + ScrollBar1.Min, 1).Value & ".jpg")
End Sub
```

```
Private Sub ScrollBar1 _ Change()
    TextBox1.Text = ScrollBar1.Value
    TextBox2.Text = Cells(2 + ScrollBar1.Value, 1).Value
    Image1.Picture = LoadPicture _
    ("C:\Users\Documents\" & _
    Cells(2 + ScrollBar1.Value, 1).Value & ".jpg")
End Sub
```

Alternativamente, pode-se substituir a caixa de texto *TextBox1* por um rótulo (*Label1*). Na sub-rotina *ScrollBar1_Change*, troca-se

```
TextBox1.Text = ScrollBar1.Value
```

por

```
Label1.Caption = ScrollBar1.Value
```

E na sub-rotina *Userform_Initialize*, muda-se o comando

```
TextBox1.Text = ScrollBar1.Min
```

por

```
Label1.Caption = ScrollBar1.Min
```

O novo formulário fica como mostrado na figura a seguir.

Figura 8.29: Formulário "Lista Imagens" com barra de rolagem

Conclusão

O livro *Excel 2016: Criando Macros com o VBA* pretende deixar o usuário pronto para desenvolver macros para o Excel, com o objetivo de garantir a automatização de suas tarefas, com rapidez e funcionalidade na realização de seus diversos trabalhos. O livro então pode abrir portas para o aprendizado inicial da produção de macros com o VBA, como também pode melhorar o entendimento dos funcionamentos das macros para usuários com mais experiência, proporcionando-lhes ideias novas para o desenvolvimento de programas com o editor de programas do Excel.

Em cada capítulo que preenche o livro, a abordagem é feita de maneira básica, com os conceitos retratados em suas formas preliminares, mas o conteúdo sempre avança na direção das estratégias de produção relativamente mais avançadas.

O que pode ser verificado na leitura geral é que este livro, se não pode ser considerado uma obra vasta e completa, pode ser tratado como um veículo de aprendizado básico e como uma obra de referência, direcionando e incentivando novas pesquisas e estudos do VBA.

Conclusão

Bibliografia sugerida

O usuário deste livro pode fazer uso da bibliografia sugerida a seguir como referências adicionais para o desenvolvimento de macros com VBA. Observa-se que as duas últimas referências trazem aplicações do VBA em duas áreas distintas: administração/economia e cálculo numérico (matemática/engenharia).

ALEXANDER, Michael; KUSLEIKA, Richard. *Excel 2016 Power Programming with VBA (Mr. Spreadsheet's Bookshelf)*. John Wiley & Sons, Inc., 2016

DANA, Samy Dana; VASCONCELLOS, Henrique. *VBA para administradores e economistas*. FGV Editora, 2014.

JELEN, Bill; SYRSTAD, Tracy. *Excel 2016 VBA and Macros*. Pearson Education, 2016.

MELO, Magnus. *Cálculo numérico com aplicações em VBA Excel*. UEFS Editora, 2014.

WALKENBACH, John. *Excel VBA Programming For Dummies*. John Wiley & Sons, Inc, 4ª edição, 2016.

Índice

Símbolos

64 bits, xv
#N/D, 45

A

acionar macros, 230
ajuste polinomial, 220
alinhamento vertical, 28
análise gráfica, 8
área
    de edição, 232
    do formulário, 250
argumento, 50
    After, 76
    SaveAsUI, 175
atalho, 188

B

barra de comandos, 235
biblioteca
    do Excel, 36
    do VBA, 132
botão de
    de controle, 231
    rotação, 268
    UserForm, 170
botões personalizados, 8

C

caixa de diálogo
    InputBox, 241
    MsgBox, 236
caixa de seleção, 172
Cálculo da média, 60
C/C++, 9
célula ativa, 9, 17
células, 3
células limitadas, 158
Classificação das variáveis, 105
Codificar, 8
código
    anterior, 86
    da sub-rotina, 105
    do formulário, 250
    VBA, 14
Colar especial, 61
ColorIndex, 25
coluna de referência, 20
comando
    Abs(M(i)), 151
    Application.Quit, 189
    AutoFit, 72
    Case Else, 139
    Cells, 84
    End Sub, 16
    Formula, 21
    goto, 134
    InputBox, 117
    MergeCells, 28
    M.Rows.Count, 121
    On Error, 77
    Option, 106
    Selection.Type = xlLinear, 221
    Set fun = New DPessoal, 111
    ThisWorkbook.FullName, 173
    ThisWorkbook.Path, 173
    Top, 202

VBA, xv
With, 27

Concatenação texto, 165

constante
　de Arquimedes, 115
　de Napier, 115
　numvalor, 125
　xlDown, 82

construção de formulários, 8

conteúdo, 68
　das células, 7

controle If composto, 132

Controles de formulários, 230

controles de usuários, 258

CONT.SE, 37

cores de fontes, 3

criação da macro, 14

critérios em funções, 38

D

data de referência, 64

declaração da variável, 103
　em funções, 122

declaração Static, 107

default, 74

E

editando macros, 1

editor do VBA, 16, 23, 232

eixo horizontal, 226

elementos
　da matriz, 153
　do VBA, 35
　gráficos, 235

e-mail, xviii

escala do eixo x, 204

Escopo das variáveis, 107

espaço de memória, 103

estilos de células, 3

estrutura
　de controle, 27
　de controle, 128
　de dados, 108
　Do – Loop until, 140
　If, 131
　　If composta, 162
　de controle, 90
　de repetição, 128
　Select, 135
　Select – Case, 138
　While – Wend, 139

evento
　BeforeSave, 175
　OnKey, 186
　Workbook_BeforeClose, 173
　Worksheet_Change, 179
　Worksheet_SelectionChange, 179

Excel
　95, xv
　97, xv
　2016, xv, 1

execução
　de formnum, 72
　do formulário, 270
　do UserForm, 263

F

faixa de células, 19, 41, 84

Faixa de Opções, 7

fluxo de controle, 153

fmMultiSelectExtended, 254

fmMultiSelectMulti, 254

fmMultiSelectSingle, 254

formatação
　científica, 71
　da célula, 257
　da fonte, 257
　das células, 68
　condicional, 7

Formatos básicos, 199

fórmula, 6
　=HOJE(), 13
　=MÉDIA(B1:D1), 13

R1C1, 21
de usuários, 245
TODAY(), 17

Fortran, 9

função
    CountIf, 44
    Date, 57
    DateAdd, 55
    DateDiff, 56
    DatePart, 54
    de planilha hoje(), 17
    de planilha SE, 145
    do VBA MAX, 48
    Evaluate, 49
    Find, 74, 77
    Format, 57
    Frequency, 78
    IFS, 48
    InStr, 51
    Large, 80
    LCase, 52
    Left, 51
    Len, 50
    Match, 74
    max, 121
    MÁXIMO, 48
    MÁXIMOSES, 45
    Mid, 51
    MsgBox, 112, 117
    NÚM.CARACT, 38, 39
    PARÂMETRO, 46
    preexistente, 133
    PREVISÃO.ETS, 46
    PREVISÃO.ETS.CONFINT, 46, 50
    Proper, 172, 190
    Resize, 71
    RGB, 22
    Right, 51
    Rnd(), 241
    Round(num, 154
    SE, 45
    Small, 80
    Sort, 147, 182
    Split, 53
    StrComp, 52
    StrReverse, 52
    SUM, 20
    Switch, 49
    Trim, 53
    UCase, 52

funções, 3, 10
    AGORA, 40
    de planilha, 59
    de previsão, 50
    do VBA, 155
    populares, 36
    predefinidas, 128

G

Generalidades do VBA, 7

gráfico
    coluna, 227
    de colunas agrupadas 3D, 206
    de perdas e ganhos, 228
    do tipo dispersão, 203
    linha xy, 195
    tipo pizza, 208

gráficos, 3
    de áreas, 207
    de áreas empilhadas, 207
    de colunas e barras empilhadas, 207
    do tipo dispersão, 195
    gráficos em barras, 206

I

ícone de macros, 12

Idioma do Office, 2

Impressão da matriz selecionada, 256

Impressão do gráfico, 203

inclusão de imagem, 266

indexação de variáveis, 90

InputBox, 118

inserção de imagens, 266

J

Java, 9

L

LineStyle, 25
linha
    de referência, 20
    de tendência, 213, 217
    de códigos, 24
    iniciais, 16
listagem de comandos, 80, 172
logaritmo natural, 115
lógica de programação, 87
loja, 47
Loop infinito, 179

M

macros, 3
MatchCase, 76
matrizes, 149
matriz na faixa de células, 87
Média, 60
média aritmética, 60
MergeCells, 28
método
    Copy, 19
    Cut, 89
    Delete, 10
    Select, 17
Microsoft, xv, 169
Microsoft Excel, 2
    95, xv
    97, xv
    2016, xv, 1
Microsoft Office, xv, 2, 11
    2010, 2
    2013, 2
minigráficos, 222
Módulo de classe, 109
Moscou, 2

N

nomes de variáveis, 104
número
    de caracteres, 103
    de Ludolph, 115
    do índice, 252

O

objeto
    Application, 94
    proc, 94
    Range, 10, 17, 21, 67
    Workbook, 10
    Worksheet, 10
    WorksheetFunction, 40, 172
Office
    2010, 2
    2013, 2
OnTime, 188
opção inválida, 139
ordem decrescente, 234
organização da Sub, 198
organizar em ordem alfabética, 234

P

pacote do Microsoft Office, 149
página de configurações, 262
Página Inicial, 7
palavras reservadas, 104
par de comandos iniciais, 88
pasta, 9
pasta de trabalho, 9
planilha, 4
    aberta, 84
    ativa, 9
    atual, 84
    eletrônica, 169
    própria, 225
    eletrônica, xvi
    SOMA, 20
Plotando-se minigráficos, 222

Plote do tipo dispersão, 196
polinômio de grau 3, 220
POO, 9
posição da legenda, 198
Private Function, 119
proc.Address, 76
proc.Column, 76
procedimento
    Function, 14
    Property Get, 110
    Property Let, 110
    Sub, 14, 170
    Sub fun_plan, 40
    VBA, 14
produto, 47
    da Microsoft, xviii
Programação orientada a objetos (POO), 9
Prompt, 242
propriedade
    ActiveCell, 10, 16
    Address, 73
    Borders, 27
    Color, 22
    End, 83
    Font, 10
    Font.Name, 149
    FormulaR1C1, 16
    Get, 112
    MergeCells, 28
    Name, 84
    NumberFormat, 57
    Offset, 70
    Row, 83
    Selection, 19
    Text, 82
    Underline, 149
    UsedRange, 68

R

RecentFiles, 114
recursos de ortografia, 3
Referência a células, 84

S

scripts, 8
segmentações de dados, 3
segundo comando, 84
Seleção da faixa, 97
sinal de cifrão, 6
sinônimos, 3
Sintaxe de sub-rotinas, 115
Sintaxe do comando, 84
sistema operacional, 2
site da Microsoft, 170
Size, 10
SOMASE, 37
Sparklines, 195, 222
SparkNewSheet, 226
string, 10
sub-rotina, 78, 188
    caractfunc, 109, 111
    de inicialização, 269
    ExGraf, 199, 202
    ex_med, 44
    formnun, 72
    GDisp, 203
    Initialize, 259
    Limpar_Click, 267
    myavis, 189
    n_maior(), 152
    SparkNewSheet, 226
substituição de dados, 3
substituir Sheet, 81

T

tabela de dados, 8
tabelas dinâmicas, 3
tempo CDate, 50
tempo computacional, 130
tendência do tipo linear, 217
testes de hipóteses, 3
texto Textbox1, 269

tipo da variável, 103

tipos
    de formatação, 7
    de gráfico, 205

Tipos especiais de variáveis, 107

traduções, 3

Trendlines, 213

U

último código, 84

underline, 43

única planilha, 170

UNIRTEXTO, 38

UserForm, 229

Userform com múltiplas páginas, 260

UserForms, 245

V

valor
    contido, 79
    da referência, 163

valores das variáveis, 103

valores limites, 36

valor padrão, 74

variáveis
    implícitas, 105
    indexadas, 149
    não declaradas, 102

variável, 102
    ByVal, 176
    definido pelo usuário, 108
    "estática", 106
    Funcionario1, 109
    k, 136
    Nome_bak, 173
    num, 265
    Result, 69
    Target, 185
    valor, 122
    v_cel, 81
    x, 136

VBA (Visual Basic for Applications), xv 8

vbBlack, 22

vbBlue, 22

vbCyan, 22

VBE – Visual Basic Editor, 14

vbGreen, 22

vbMagenta, 22

vbRed, 22

vbWhite, 22

vbYellow, 22

VerticalAlignment, 28

W

Weight, 25

Workbooks, 113

WorksheetFunction, 17, 40, 59

X

Xangai, 2

xlAscending, 147

CONHEÇA OUTROS LIVROS DE INFORMÁTICA!

Negócios - Nacionais - Comunicação - Guias de Viagem - Interesse Geral - Informática - Idiomas

Todas as imagens são meramente ilustrativas.

SEJA AUTOR DA ALTA BOOKS!

Envie a sua proposta para: autoria@altabooks.com.br

Visite também nosso site e nossas redes sociais para conhecer lançamentos e futuras publicações!
www.altabooks.com.br

/altabooks ▪ /altabooks ▪ /alta_books

ALTA BOOKS
EDITORA

Este livro foi impresso nas oficinas gráficas da Editora Vozes Ltda.,
Rua Frei Luís, 100 – Petrópolis, RJ.